어떻게
최고의 인재들로
회사를
채울 것인가?

어떻게 최고의 인재들로
회사를 채울 것인가?

2011년 8월 26일 초판 1쇄 발행 | 2014년 9월 15일 2쇄 발행
지은이 · 가재산

펴낸이 · 박시형

마케팅 · 권금숙, 김석원, 김명래, 최민화, 정영훈
경영지원 · 김상현, 이연정, 이윤하, 김현우
펴낸곳 · (주) 쌤앤파커스 | 출판신고 · 2006년 9월 25일 제313-2006-000210호
주소 · 서울시 마포구 동교동 203-2 신원빌딩 2층
전화 · 02-3140-4600 | 팩스 · 02-3140-4606 | 이메일 · info@smpk.kr

• 이 책의 국립중앙도서관 출판시도서목록은 서지정보유통지원시스템 홈페이지(http://seoji.nl.go.kr)
  와 국가자료공동목록시스템(http://www.nl.go.kr/kolisnet)에서 이용하실 수 있습니다.
  (CIP제어번호 : CIP2014025981)

• 잘못된 책은 구입하신 서점에서 바꿔드립니다.   • 책값은 뒤표지에 있습니다.

쌤앤파커스(Sam&Parkers)는 독자 여러분의 책에 관한 아이디어와 원고 투고를 설레는 마음으로 기다리
고 있습니다. 책으로 엮기를 원하는 아이디어가 있으신 분은 이메일 book@smpk.kr로 간단한 개요와
취지, 연락처 등을 보내주세요. 머뭇거리지 말고 문을 두드리세요. 길이 열립니다.

어떻게
최고의 인재들로
회사를
채울 것인가?

한국형 성과주의 인사혁신, ABC 인재경영

| 가재산 지음 |

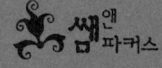

PART

2 최고의 기업들로부터 배우는
ABC 인재경영 실천사례

조직의
혈관이
막히고 있다!

　지금으로부터 2년 전의 일이다. 필자는 국내에서 내로라하는 한 종합병원의 임원과 간부들을 대상으로 '한국형 성과주의 인사와 평가'라는 제목의 특강을 진행하기 위해 강의 장소로 향하고 있었다. 그날도 사람들의 반응을 내심 기대하며 부푼 마음을 안고 강의 장소에 도착했다. 그런데 막상 강의를 시작하려고 보니 이게 웬일? 참석자들이 대거 변경된 것이 아닌가. 알고 보니 노조위원장을 비롯한 병원의 노조간부들이 참석한다는 것이었다. 일순 당황하지 않을 수 없었다.

　노조의 핵심 지도자들이 자기들의 가치관에 정면으로 배치되는 성과주의 인사제도에 관심을 보이다니, 그것도 강성하기로 보통이 아닌 종합병원 노조간부들이. 그들이 강의를 방해하고 소란을 피우면 어쩌나 하는 조바심에 머릿속이 온통 어지러웠다.

그러나 이미 하기로 한 강의, 이제 와서 내용을 바꿀 수도 없었고, 어금니를 꽉 깨물고 강단에 올라서는 수밖에 없었다. 다행히 도중에 별다른 소란은 일어나지 않았지만, 필자는 언제 어떤 상황이 발생할지 몰라 잔뜩 긴장한 채로 뻣뻣하게 강의를 진행해야 했다.

강의는 마침내 무사히 끝났고, 긴장이 풀린 필자는 안도의 한숨을 내쉬었다. 그런데 아니나 다를까, 곧바로 노조위원장으로부터 연락이 왔다. 필자를 한번 만나고 싶다는 것이었다. 긴장이 풀려 이완됐던 몸이 다시 뻣뻣하게 굳기 시작했다.

이걸 어떻게 한다? 그를 만나면 분명 험악한 분위기가 연출될 것이라는 걱정이 앞섰지만, 그렇다고 그냥 가버리자니 무례하다고 욕을 먹을 것이 뻔했다. 결국 필자는 고심 끝에 울며 겨자 먹기 식으로 노조위원장을 만나러 갔다. 그러나 막상 그를 만나는 순간 깜짝 놀랄 수밖에 없었다. 예상했던 것과 달리 그는 매우 정중하게 인사하며 웃는 얼굴로 말했다.

"오늘 강의, 정말 잘 들었습니다. 덕분에 새로운 사실도 배웠고, 여러 가지 일을 다시 생각해보게 되었습니다."

이렇게 시작된 노조위원장과의 만남은 기분 좋게 마무리되었고, 그 후에도 그는 필자와 자주 연락을 주고받으며 친분을 유지하고 있다. 그는 지금도 필자의 특강이 있을 때마다 노조간부들과 함께 찾아오곤 한다.

자, 그렇다면 그가 알고 싶어 했던 것은 무엇이었을까? 무엇이 문제였기에 그렇게 열성적으로 강의에 참석한 것일까?

우선, 노조의 보호막이 하도 강력해서 퇴직하는 직원이 없다 보니 신입직원이 들어올 틈이 없었고, 따라서 젊은 간호사들이 사라져가고 있었다. 그 병원은 이미 10년째 신입직원 채용을 거의 중단한 상태였다. 또한 내부경쟁 없이 연공서열 중심의 승진제도와 임금체계를 유지하다 보니 직원들이 열정을 잃고, 나이가 들수록 월급만 많이 챙겨갈 뿐 제대로 일하려고 하지 않았다. 게다가 직원들을 평가하는 시스템마저 없어 소위 '무임승차자'들이 자꾸 생겨나고 있었다. 결국 병원의 경쟁력은 하락하고 내부적으로 형평성 문제가 발생할 수밖에 없었다. 한마디로 이 병원은 인사관리와 인재경영의 중요성을 완전히 간과하고 있었던 것이다.

조직은 지속적으로 성장하고 발전하는 유기체와도 같다. 제 성과를 발휘하지 못하는 구성원을 내보내고 새로운 구성원을 받아들이는 혈액순환이 더딘 조직은 혈관이 막혀 생존이 위태로워진다.

필자는 수많은 기업 현장에서 강의와 컨설팅을 진행하면서 이 같은 문제를 절감했고, 조직의 막힌 혈관을 뚫어줄 해법으로 'ABC 인재경영'을 소개하고자 이 책을 쓰게 되었다. 우리나라의 많은 기업들, 특히 중소기업이나 강성한 노조를 가진 기업들은 온몸의 혈관이 막혀 생명력을 잃고 있다. 평등과 균등은 분명 다르다. 직원 개개인의 성과나 역량은 서로 다르게 마련인데, 이들을 모두 똑같이 대우하다 보니 기업의 경쟁력이 강화되기는커녕 점점 약해지고 있는 것이다.

국회의원이자 변호사인 고승덕 의원은 어떤 조직이든 A급부터 D급까지의 인재가 골고루 포함되어 있다고 했다. 그리고 더 높은 등급의 인재가 되려면 자신의 등급이 무언지부터 분명히 알아야 한다고 강조했다.

조직 내에서 높은 성과를 내는 구성원은 보통 'A급인재'라 불리고, 반대로 성과가 부진한 구성원은 'C급인재'라고 한다. 또, 그 중간에 위치한 구성원은 'B급인재'로 불린다. 구성원들을 이렇게 분류하는 목적은 각자의 능력에 맞추어 합당한 보상을 지급함으로써 그들을 업무에 몰입시키고 조직 경쟁력을 제고하려는 것이다. 이것이 이 책에서 말하는 'ABC 인재경영'의 핵심적인 개념이다.

책의 후반부에 설명하겠지만, 삼성그룹 이건희 회장은 이러한 경쟁의 원리를 '메기론'을 통해 강조하고 있다. 메기에게 잡아먹히지 않기 위해 팔딱팔딱 뛰어다니는 물고기들이 살도 더 많이 붙는다는 것이다.

130년 역사의 세계적 초일류기업 GE(General Electric, 제너럴일렉트릭)도 상위 20%의 직원을 A급인재로 분류하여 중점적으로 관리하고, 하위 10%는 조직을 떠나도록 하며, 중간의 70%는 A급인재로 육성하는 성과주의 인사제도를 시행하고 있다.

이러한 성과주의에 기반을 둔 인사제도는 이제 거스를 수 없는 대세가 되었다. 조직의 효율성과 경쟁력 제고를 위해 구성원 간의 차이를 받아들이고 이를 적극적으로 관리하는 '다양성 관리'의 시대가 다가온 것이다.

이 책은 성과주의 인사제도를 국내의 실정에 맞도록 다듬는 요령과 수준별 인재관리법, 그리고 초일류기업의 실전사례를 차례로 접할 수 있도록 구성되었다. 책 곳곳에 담긴 인재경영의 전략 포인트들이 당신 조직의 막힌 혈관을 뚫어줄 수 있다면 더 바랄 것이 없겠다.

한국형 성과주의의
새로운 모델,
ABC 인재경영

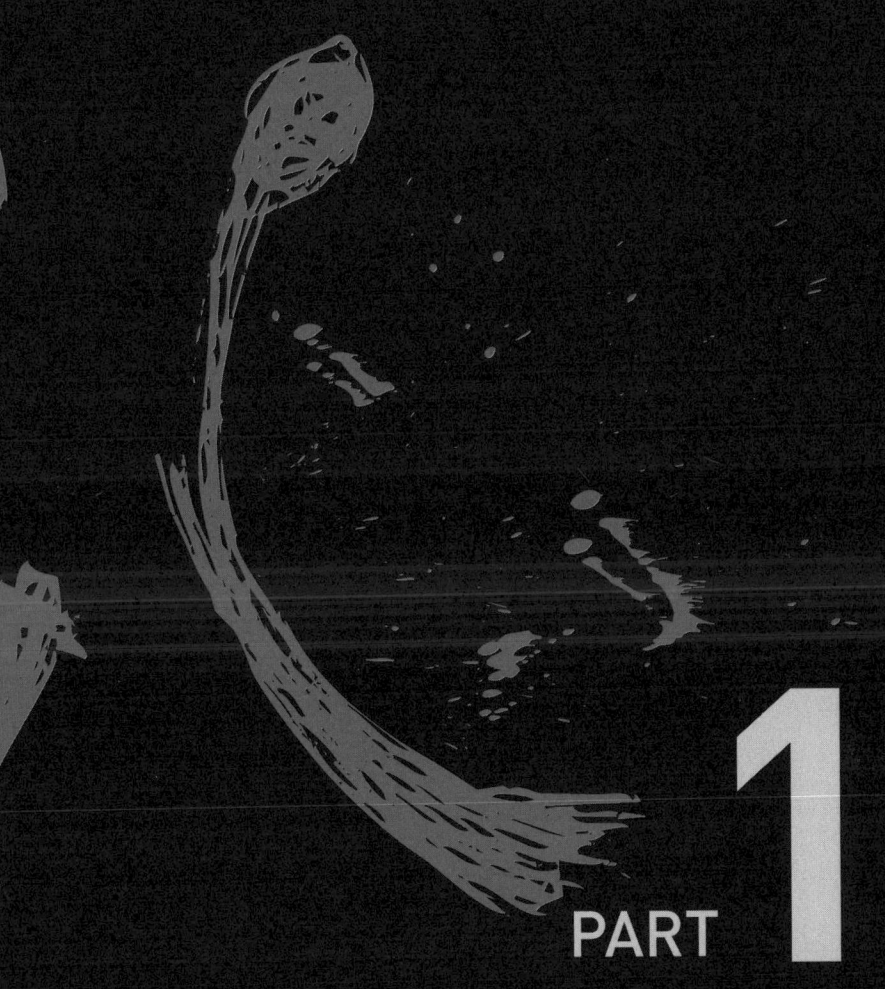

PART **1**

21세기는
인재경영의
시대

어딜 가도
노는 놈은
꼭 있다

지구상에서 가장 부지런한 곤충을 꼽으라면 많은 사람들이 꿀벌이나 개미를 떠올릴 것이다. 꿀벌과 개미는 많은 이에게 근면성실함의 대명사로 기억되고 있다. 하지만 이들 사이에도 '놀고먹는 놈'들은 엄연히 존재한다. 그들 집단은 열심히 일하는 20%와 대충 때우는 60%, 놀고먹는 20%의 구성원으로 나뉜다고 한다. 벌통에 1,000마리의 벌이 있다면 그 중 200마리는 놀고먹는 벌이라는 식이다.

그런데 여기서 재밌는 사실은, 20%의 '놀고먹는 놈'들이 없어져도 남은 구성원의 20%가 '놀고먹는 놈'이 된다는 것이다. 놀고먹는 200마리의 벌을 벌통에서 제거하면 나머지 800마리 중 20%에 해당하는 160마리의 벌이 '놀고먹는 놈'이 되어버린다. 반대로 이 벌통에 200마리의 벌을 추가해서 벌을 1,200마리로 만들어도 그중 20%인 240마리는 놀고먹는 벌이 된다. 결국 무슨 수를 써도 '놀고먹는 놈'들은 항상 존재하게 마련이다.

이것은 비단 곤충만의 이야기가 아니다. 지구상에서 가장 뛰어난 지능을 가진 동물인 인간들이 모인 조직에서도 이런 문제는 늘 일어나곤 한다. 이윤을 추구하는 기업도 예외는 아니다. 많은 글로벌 기업들이 그런 문제를 해결하기 위해 성과주의 인사제도를 시행하고 있다. 이는 각 구성원의 성과와 역량에 따라 등급을 부여하고 그에 알맞게 구성원들을 관리하는 제도다. 여기서 성과가 좋은 구성원은 'A급인재'라 부르고, 부진한 성과를 내는 구성원은 'C급인재'라고 한다. 그리고 그 중간에 위치한 구성원은 'B급인재'로 불린다.

각 등급의 인재들에게는 서로 다른 관리방안이 필요하다. 예를 들어, C급인재들은 조직의 목적달성에 부정적인 영향을 끼친다. 그들이 제대로 소화하지 못한 업무가 다른 구성원들에게 떠넘겨지면 조직업무 전체의 효율성이 떨어지고 다른 구성원들의 직무만족도까지 저하될 수 있다. 이런 상황이 개선되지 않는다면 조직은 제대로 된 성과를 낼 수 없고, 경제적인 타격을 입을 가능성도 커진다. 그러므로 그들에게는 다른 구성원들과 다른 인재관리 방법을 적용해야 한다.

세계적 인적자원관리 컨설팅그룹 머서Mercer는 향후 인재관리(HR, Human Resource) 분야에 가장 중대한 영향을 미칠 변화 중 하나로 '다양성의 변화'를 꼽았다. 지금까지는 주로 제도적 차별, 장애인 차별, 성차별 등을 철폐하여 채용이나 승진 등에서 공정한 대우를 추구하는 데에 다양성 관리의 초점이 맞춰졌다. 그러나 앞으로는 성과효율 측면에서 구성원들 간의 차이를 받아들이고 이를 통해 인재를 관리하는 '다양성 관리(Diversity Management)'가 더욱 중요한 문제로 부각될 전망이다. 서로 다른 유형의 인재들의 차이를 인정하고 다양성을 융합시키기 위한 조직력이 날로 절실해지고 있는 것이다.

우리가 일반적으로 생각하는 평등이라는 개념에는 오해가 숨어 있다. 평등에는 상대적 평등과 절대적 평등이 있는데, 이 둘은 구별되어야 한다. 절대적 평등이 적용되어 직급에 관계없이 모두의 급여가 같아지고, 또 8시간 일한 사람과 12시간 일한 사람의 급여가 같아진다면 누구도 승진하려고 노력하거나 열심히 일하려고 하지 않을 것이다. 차별화가 무조건 평등성을 훼손한다고 할 수는 없다.

이유 있는 차별까지 비난받아서는 안 된다. 요즘 우리 사회에는 평등에 대한 오해가 만연해 있다. 이유 있는 차별을 평등의 이름을 앞세워 인위적으로 없애려 하고, 물리력까지 행사해 사회를 역주행시키거나 병들게 하는 사례도 비일비재하다. 물론 이유 없는 차별은 없어져야 하겠지만, 옆집이 잘사니까 나도 잘살아야 한다는 '미 투Me-Too 사고방식'은 열심히 노력하는 사람을 역차별하는 결과를 초래한다. 근거 있는 차별은 경쟁을 통한 도전정신을 키워주며 의욕을 고취한다. 경쟁 자체를 문제삼아 경쟁하지 않는 사회로 회귀한다면 과연 우리나라의 미래에 발전을 기대할 수 있을까?

입구만 보지 말고
출구도
신경 써라

국내 모 자동차 기업의 영업본부에는 '012부대'라는 말이 있다. 무슨 특수부대 이름이냐고 생각할지 모르겠지만, 이는 판매실적이 극도로 부진해서 한 달 내내 차를 한 대도 못 팔거나(0) 한두 대밖에 못 파는(1~2) 영업사원들을 두고 하는 말이다. 이런 '012부대'의 규모는 날로 늘어나서 전체 영업사원의 10%를 곧 넘어설 기세다. 문제는 판매실적이 전무한 영업사원들도 연봉의 70%를 기본급으로 받아 간다는 것. 성과는 없는데 월급은 꼬박꼬박 줘야 하니 회사로서는 손해가 이만저만이 아닐 것이다.

그렇다고 이들을 함부로 해고할 수도 없다. 노조의 눈치를 봐야 하기 때문이다. 지점장들을 닦달해서 이런 사원들의 판매실적을 올려보려고 해도 별 소용이 없다. 어떤 지점장은 "이들에게 특별교육을 시키려고 해도 다른 사원들이 차별대우한다면서 반발할까봐 이러지도 저러지도 못하고 있다."라고 호소하기도 한다. 이렇듯 성과가 저조한 구성원들을 제대로 관리하지 못한다면 조직은 그만큼의 손해를 떠안아야 하고, 구성원 개개인의 성장은 그만큼 더뎌진다.

우리 기업들은 지난 십 수년간 상위 10%의 인재들에 주목해왔다. 1등 기업으로 거듭나려면 A급인재 개발에 총력을 기울여야 한다는 논리다. 삼성 이건희 회장이 내세우고 있는 이른바 '천재론'도 이와 같은 맥락이다. 삼성은 이제 한국 경제를 이끌어가는 초일류기업으로 성장했고, 그럼으로써 한 명의 천재가 10만 명을 먹여 살릴 것이라는 그의 이론은 입증되고 있는 듯하다.

그러나 앞에서도 설명했듯이 C급인재에 대한 관리를 소홀히 한다면 지속적인 조직 성과는 보장될 수 없다. 하위 10%의 인재들을 제대로 관리해야 한다는 개념은 '경영의 달인', '세기의 경영인' 등으로 통하는 미국의 세계적인 종합가전기업 GE의 전前 회장 잭 웰치Jack Welch가 주창한 '활력곡선(Vitality Curve)' 이론에서 기인한다.

그는 거대한 조직의 구성원을 상위 20%, 중추부 70%, 하위 10%로 나누었다. 그리고 상위 20%에 해당하는 인재들을 A급인재로 구분해 중점적으로 관리하고, 하위 10%의 인재들은 계속해서 정리해왔다. 이것이 바로 '상시퇴출제도'다. 이는 조직에 해를 끼치는 C급인재들을 내보내 조직의 혈액순환을 활성화하는 데 의의가 있다. 그는 많은 사람들이 예민하게 반응할 수 있는 그러한 제도를 무리 없이 정착시킨 것으로도 유명하다.

삼성 이건희 회장이 주창한 '메기론'도 이와 맥을 같이한다. 미꾸라지가 모인 웅덩이에 메기 한 마리를 넣으면 미꾸라지들이 메기에게 잡아먹히지 않기 위해 기민하게 뛰어다니며 통통하게 살찐다는 것이다.

조직의 혈액순환이 개선되려면 이처럼 '노는 구성원'들을 내보내는 '출구'가 필요하다. 그리고 퇴출당하는 구성원에 대한 관리, 즉 '출구관리' 또한 활발히 이루어져야 한다. 모든 구성원들이 공감할 수 있도록 퇴출의 기준과 원칙을 명확히 하고, 퇴출 대상자들이 자신의 능력과 적성에 맞는 다른 일을 찾도록 지원해주는 '전직지원 서비스'를 구축해야 한다. 미국 기업의 80% 이상도 이와 같은 전직 및 재취업 프로그램을 도입하는 추세다.

국내의 많은 조직들은 아직도 새 구성원을 받아들이는 '입구'에만 신경 쓰고 출구는 잘 신경 쓰지 않는 경향이 있다. 하지만 이러한 '출구관리'가 제대로 이루어지지 않으면 남은 구성원들의 고용불안감도 증폭되고, 퇴출당하는 구성원들과 조직 간에 불필요한 마찰이 발생할 가능성도 높아진다. 조직의 성과를 향상시키고, 나아가 조직 자체가 성장하기 위해서는 '입구' 못지않게 '출구'에도 많은 관심을 기울여야 한다.

국가대표도
예외 없는
성과주의 인사제도

2010년 남아공 월드컵 직후, 사상 첫 원정 16강 진출의 쾌거를 이룬 국가대표팀 선수들에게 포상금이 주어졌다. 포상금은 네 등급으로 차등 지급되었는데, 각 선수의 등급을 결정하는 과정에는 출전 경기 수와 시간, 개인 성적, 팀 기여도 등이 모두 고려되었다.

A등급으로 분류된 박지성, 박주영 선수 등 열한 명은 1억 7,000만 원씩을 지급받았다. 그러나 출장 기회를 한 번도 잡지 못했던 선수들은 D등급으로 분류되어 각각 9,000만 원의 포상금밖에 받지 못했다.

이는 2002년 한·일 월드컵 당시와는 확연히 다른 배분방식이다. 그 당시에는 축구 팬들 사이에 포상금에 관한 논란이 일어, 결국 등급에 관계없이 모두에게 3억 원씩의 포상금이 돌아갔다. 하지만 이제 국가대표팀 선수들도 성과와 역량에 따라 서로 다른 대우를 받고, 서로 다른 방식으로 관리되고 있다. 선수 개개인에게 건전한 경쟁심을 불어넣어 성과와 역량을 향상시키는 '성과주의 방식의 인재경영'이 스포츠에도 본격적으로 적용되고 있는 것이다. 이를 통해 박지성, 이청용 선수와 같은 세계적인 선수가 탄생했음은 물론이다.

이런 변화의 물결은 소위 '철밥통'으로 불리는 공무원 조직까지 확산되었다. 연공서열年功序列 제도에 묶여 정적이기만 하던 공직사회에도 경쟁의 원리가 싹트기 시작한 것이다. '공무원은 철밥통'이라는 말은 이제 옛말이라고 해도 과언이 아니다. 실제로 서울특별시, 울산광역시 등 여러 지방자치단체들은 최근 성과가 부진한 공무원들을 따로 교육하거나 직위해제하는 등의 혁신적인 변화를 시도했다. 공무원 채용방식도 다양화하여 공직사회에 새로운 활력을 불어넣는 분위기다. '공공기관 선진화 방향'에 따라 민간기업과 유사한 인사제도를 폭넓게 수용하는 공공기관들의 움직임도 이러한 변화의 물결이 반영된 결과다.

이제 이윤을 추구하는 기업뿐 아니라 스포츠, 공직사회 등에도 이처럼 싱과주의가 깊숙이 자리 잡았다. 성과와 역량에 따른 공정한 인재관리가 이루어져야 건전한 경쟁문화가 싹트고, 그럴 때 비로소 조직은 성장하고 발전할 수 있다. 그것이 바로 성과주의의 효용이고 본질이다.

경쟁이 즐거운 사회야말로 지속적인 성장 가능성을 지닌 사회다. 이러한 건전한 경쟁풍토 속에서 최선을 다해 일하고 공정하게 평가받을 때 개인은 물론 사회 전체에 건강한 생명력이 피어난다.

만년 하위권,
제대로 관리하면
사라진다

　지난 1997년 말 외환위기 이후 성과주의의 광풍이 한국사회 전역에 몰아쳤다. 그에 따라 많은 기업들이 무한경쟁의 아귀다툼에서 살아남기 위해 너도나도 A급이니, S급이니 하는 초고급 인재, 즉 고성과자(High Performer)들을 찾아 나섰다. 하지만 대부분의 기업들이 관리방안도 세우기 전에 서둘러 사람부터 불러들였고, 그 결과 인재관리에 큰 어려움을 겪을 수밖에 없었다.

　그래서인지 이제는 외부에서 인재를 찾기보다 내부 구성원들을 관리하여 A급인재로 키우는 것이 더 현실적이라는 의견이 지배적이다. 지금은 많은 기업들이 내부 구성원들을 성과에 따라 몇 개의 그룹(Talent Pool)으로 구분하여 관리하고 있다. 대표적인 구분방법은 앞에서 설명했듯이

ABC로 나누어 성과가 좋은 구성원은 'A급인재', 부진한 구성원은 'C급 인재', 그리고 중간 정도의 성과를 내는 구성원은 'B급인재'로 구분하는 것이다.

또 다른 방법으로 인재를 구분할 수도 있다. 26페이지 하단의 도표에서 보다시피 조직 내에 존재하는 다양한 인재(人才)들은 크게 네 가지 유형으로 나뉜다. 여기서 가로축은 개인의 성과를, 세로축은 조직의 가치관에 부합하는 개인의 역량을 나타낸다. 이렇게 성과와 역량에 따라 인재를 분류하다 보면 인재라고 해서 다 같은 인재가 아님을 알 수 있다.

최상의 역량으로 최대의 성과를 내는 금은보화와 같은 '인재(人財)'들은 바로 A급인재들이다. 반면, 성과는 좋으나 조직의 가치를 잘 따라가지 못하는 구성원들은 재료로 쓰인다는 뜻의 '인재(人材)'라고 할 수 있다. '인재(人裁)'는 성과는 떨어지더라도 조직에 대한 충성심이 강하고 조직의 가치관에 확실하게 부합하는 관리자들을 말한다.

나머지 한 부류는 조직의 가치도 잘 지키지 못하면서 성과도 내지 못하는 문제의 C급인재들이다. 어느 조직에서나 발견되는 그들은 아무것도 하지 않고 빈둥거리며 그저 존재하고만 있는 소극적인 '인재(人在)'와 능력에 맞지 않게 무작정 일을 벌여 조직에 피해를 입히고 재앙을 불러오는 적극적인 '인재(人災)'로 다시 구분된다.

앞서 말한 분류방식을 여기에 적용한다면 오른쪽 윗부분의 '인재(人財)'는 A급인재, 왼쪽 아래의 '인재(人在)'와 '인재(人災)'는 C급인재, 나머지 '인재(人材)'와 '인재(人裁)'는 B급인재에 해당한다.

이제는 다양성 관리의 시대다. 이렇게 조직 구성원들을 몇 가지 부류로 구분하는 것은 개개인의 특성에 맞는 관리방법을 적용하여 각 구성원의 성과를 높이고, 궁극적으로 조직의 성과를 향상시켜 조직의 발전을 이루기 위함이다.

이제 인재를 채용하는 시점으로 눈을 돌려보자. 조직이 새 구성원을 뽑을 때는 그가 높은 성과를 창출할 잠재력을 지녔다고 여긴다. 즉, 조직에 처음 합류한 새 구성원은 조직의 입장에서 보기에 모두 잠재적인 A급인재다. 그러나 조직은 지속적으로 성장하고 발전하는 유기체와 같기에, 조직이 구성원에게 요구하는 성과의 수준은 꾸준히 높아지게 마련이다. 따라서 아무리 성과가 높은 A급인재도 성과의 수준이 계속 그대로라면 나중엔 B급인재나 C급인재로 분류될 수밖에 없다.

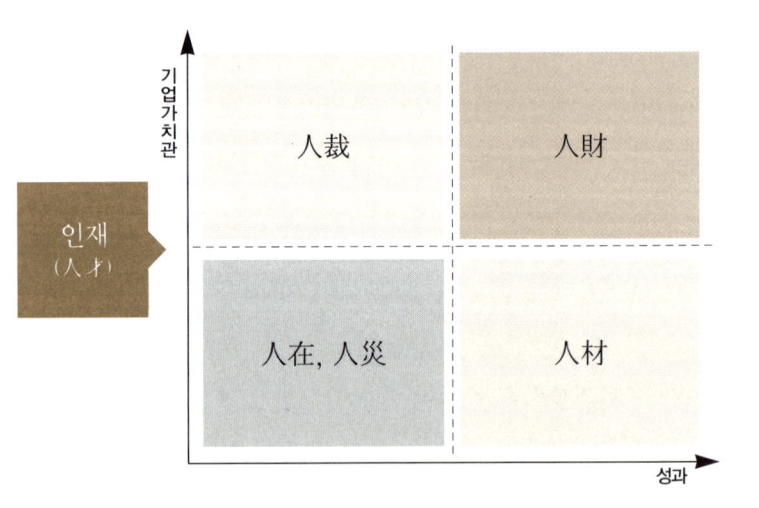

:: 표1 네 가지 유형의 인재 구분법

조직 내에 일시적으로 C급인재가 존재하는 것은 조직의 유기체적인 특성을 감안하면 지극히 당연한 일이다. 그래서 우수한 조직은 구성원 모두의 성과를 끌어올리는 데 각별한 노력을 기울인다. 그런 조직은 C급인재들을 무조건 퇴출해야 할 대상으로만 보지 않는다. 성과가 부진한 원인을 찾아 적절한 대책을 마련하고 실행함으로써 C급인재도 A급인재가 될 수 있다는 사실을 인정하고, 거꾸로 A급인재도 방심하면 얼마든지 C급인재가 될 수 있다는 사실 또한 인정한다. 만년 최하위란 없다는 얘기다.

그렇다면 C급인재들을 어떻게 관리해야 높은 성과가 나타날까? 높은 성과를 내는 A급인재들의 업무방식을 C급인재들이 그대로 따라한다고 해서 문제가 해결되지 않는다. C급인재들은 괜히 C급인재가 된 것이 아니다. A급인재들이 C급인재들을 직접 지도하고 교육하는 것도 바람직하지는 않다. 낮은 수준의 성과를 내는 핵심적이고 근본적인 원인을 찾지 못한다면 어떤 방법을 쓰더라도 '밑 빠진 독에 물 붓기'일 뿐이다. 그런 근본 원인을 찾아내고 해결하는 것은 바로 중간 관리자의 몫이다. 중간 관리자가 C급인재들을 어떻게 관리하느냐에 따라 그들을 A급인재로 거듭나게 할 수도, 만년 하위권으로 만들 수도 있다.

중간 관리자의 부하들 중에는 A급인재도 있고 C급인재도 있다. 중간 관리자들은 A급인재들을 관리하기에 앞서 먼저 C급인재들의 성과가 부진한 근본 원인을 찾고 이를 해결하는 데 많은 노력을 기울여야 한다. 그렇게 해서 C급인재의 성과가 좀 더 높아지고 B급인재의 수준에 도달했을 때, 그때 비로소 A급인재들의 업무방식을 적용한다면 그들도 충분히 A급인재로 도약할만한 가능성을 얻게 될 것이다.

링겔만 효과와
주인의식

　1913년, 독일의 심리학자 막시밀리앙 링겔만Maximilien Ringelmann은 줄다리기 실험을 통해 집단 내에서 발휘되는 개개인의 공헌도를 측정했다. 인간의 본성이 이기적일 것이라고 가정한 링겔만은 여러 사람이 한꺼번에 줄을 당길 때 개개인이 발휘하는 힘은 혼자 줄을 당길 때보다 작을 것이라고 생각했다. 실제로 세 명이 동시에 줄을 당길 때 한 사람이 발휘한 힘은 혼자 당겼을 때의 85%밖에 되지 않았다. 또, 여덟 명이 당길 때는 49%까지 떨어져 절반밖에 힘을 쓰지 않은 것으로 확인됐다. 사람이 모이면 모일수록 각자가 내는 힘은 점점 줄었다. 사람 수가 늘수록 '나 하나쯤이야' 하는 생각이 커지기 때문이다. 이런 집단적 심리현상을 그의 이름을 따서 '링겔만 효과 Ringelmann Effect'라고 부른다.

주인정신은 곧 자주정신과 책임의식이다. 인간에겐 자주성과 책임감을 가지고 살고자 하는 본성이 있다. 하지만 그와 동시에 피동적으로 살고 싶어 하는 노예근성도 숨어 있다. '시키면 하고 아니면 말고'라는 식으로 뭐든 적당히 하려는 자세가 바로 노예근성이다. 상사가 시키는 일만 겨우 해내고도 '이 정도면 됐지'라고 생각하는 샐러리맨이나, 규정과 절차에 얽매여 공공의 이익에 해를 끼치는 공무원의 행동도 노예근성에서 비롯된 결과다.

노예근성을 가진 사람은 자기 머리로 생각하기를 싫어하고 모든 문제를 남의 탓으로 돌리는 습성이 있다. 이런 사람들은 스스로 판단하여 행동하지 못하고 시류에 휩쓸리기 쉽다. 줄 서기를 좋아하고 파벌 만들기를 좋아해서 온갖 협잡과 모략으로 조직 분위기를 망쳐놓는 일도 다반사다.

책임이 여러 사람에게 나누어져 있거나 책임을 떠맡은 사람이 불분명할 경우에 최선을 다하는 사람은 별로 없다. 반대로 자기 혼자서 책임을 져야 한다면 무리를 해서라도 일의 완성도를 높이려고 노력한다. 조직은, 특히 기업은 각자 활동할 때보다 많은 사람들이 모였을 때 더 큰 힘을 발휘할 것이라는 기대하에 만들어진 집단이다. 그러나 실제로는 링겔만의 실험에서처럼 전체의 힘이 개인의 힘을 합한 것보다도 약해져버리는 경우가 많다. 이런 역逆 시너지 효과를 방지하기 위해서는 가장 먼저 구성원 개개인의 주인의식부터 제고해야 한다.

성과주의,
한국식으로
체질화하라

직원들이
대충
일하는 이유

우리 기업들은 매년 연말이 다가오면 임직원들에게 새해 달력을 지급한다. 그러나 달력을 받은 경영자와 직원의 반응은 전혀 다르다. 경영자에게는 새해 달력을 펴자마자 검은 글자로 된 날 수가 얼마나 많아졌는지가 먼저 눈에 띄고, 주인의식 없이 자신을 머슴쯤으로 생각하는 직원들에게는 붉은 글자로 된 날이 얼마나 많은지가 가장 먼저 눈에 띈다.

이처럼 경영자와 직원의 생각의 차이는 너무나도 크다. 하지만 경영자만이 조직의 주인은 아니다. 구성원 모두가 자신이 조직의 주인이라고 생각하고 행동하지 않으면 조직은 성장할 수 없다. 조직이 얼마나 좋은 성과를 내는가 하는 것은 구성원들의 주인의식이 얼마나 강한가에 달려 있다. 다시 말해 조직의 경쟁력은 조직 구성원들이 얼마나 자발적으로,

또 창의적으로 일하는지가 결정한다. 구성원들의 주인의식이 미약한 조직은 현대사회의 냉혹한 경쟁구도를 견디지 못하고 금세 사라져버리고 만다.

구성원들에게 주인의식을 불어넣기 위해서는 다양한 업무를 경험할 기회를 제공하여 일에 흥미를 가지고 몰입할 수 있도록 하는 방법이 가장 효과적이다. 《논어》에 기록된 "알기만 하는 사람은 좋아하는 사람만 못하고, 좋아하는 사람은 즐기는 사람만 못하다."라는 공자의 말처럼 몰입이야말로 즐거움을 찾는 길이요, 이러한 몰입의 즐거움 속에서 행복이 오기 때문이다. 노력하는 자가 즐기는 자를 이길 수 없다는 말은 이미 진리처럼 회자되고 있다. 자신이 좋아하거나 잘할 수 있는 업무를 맡으면 누구나 '이것은 내 일'이라고 생각하는 주인의식이 자연스럽게 생겨난다.

그다음으로는 조직 전체의 성과와 각 구성원 개인의 성과를 공유하고 그에 따른 적절한 보상을 하는 제도가 필요하다. 자신이 일궈낸 성과만큼의 보상이 보장된다면 더욱 많은 구성원들이 책임감을 가지고 최선을 다해 일할 것이다. 반면, 아무리 좋은 성과를 내더라도 그에 대한 정당한 보상이 주어지지 않는다면 많은 구성원들이 '대충 때우고 말자'는 식의 노예근성에 찌들 것이다.

한국형 성과주의,
아직 갈 길이
멀다

　국내기업의 인사관리 모델이 발전해온 역사를 되짚어보면, 인사관리 모델은 지금까지 크게 세 단계로 변화해왔다는 것을 알 수 있다.

　그 첫 번째는 1997년 외환위기 이전까지의 시기로서, 전통적인 한국식의 '가족주의 기업문화'를 기초로 하는 단계다. 한국이 가파른 경제성장을 이룩할 당시에는 직원들의 '패밀리 의식'을 강화하여 기업에 대한 충성심을 유도한다는 점에서 이러한 모델이 각광받았다. 하지만 기업 간의 경쟁이 점차 치열해지면서 경직성과 임금상승구조 등의 단점이 부각되었고, 1990년대에 들어서면서 이 모델은 고비용 모델로 인식되기 시작했다.

　두 번째는 외환위기 이후로, 과거의 가족주의적 인사관리 모델이 '글로벌 스탠더드'라는 이름하에 미국식으로 전격 교체된 단계다. 과거의 가족주의 기업문화는 시장중심의 기업문화로 대체되었다. 이에 따라 성과주의가 인사관리의 핵심으로 급부상하여, 정리해고가 도입되고 연봉제와 성과급 제도가 확산되며 비정규직 제도가 정착되는 등 전방위적인 혁신의 물결이 일어났다.

마지막 세 번째는 2003년을 기점으로 하여 기존 모델의 문제점을 해결하고 기업의 국제경쟁력을 제고하기 위해 새로운 한국식 인사모델을 찾아가는 성과주의 개정단계다. 특히 미국식 제도의 급속한 도입으로 발생한 폐해를 막기 위해 좀 더 체계적인 인사관리 모델을 수립하려는 시도가 곳곳에서 이뤄지고 있다. 이러한 노력이 결실을 거둔다면 국내기업의 중장기적인 국제경쟁력은 더욱 탄탄해질 것이다.

외환위기 이후 국내기업들의 인사제도는 급격한 변화과정을 겪었고, 이에 따라 '인사파괴人事破壞' 현상이 대두되기 시작했으며 이러한 현상은

제1기 (~1997)	제2기 (~2002)	제3기 (2003~)
연공서열에 의한 호봉제 평생고용 가족주의 기업문화 충성심 유도	목표관리제도(MBO) 성과 연동형 임금체계 비누적식 연봉제 연공서열 제도 탈피 · 평생고용 관행 폐지 · 정기승급 및 호봉제 폐지	성과관리 강화 · 업적과 역량의 연계관리 · 결과주의 탈피 · 인재양성에도 주력 · ABC 등급별 처우 강화

:: 표2 국내기업의 성과주의 발전 단계

앞으로도 계속될 전망이다. 그러나 인사파괴라는 개념이 단순한 구조조정 수단 또는 충격요법과 같은 왜곡된 목적으로 도입된 경우가 적지 않은 것이 현실이다. 외국기업의 제도나 컨설팅 업체의 권고를 철저한 검토 없이 수용한 기업들도 많다.

2004년에 노동연구원이 발표한 조사결과에 따르면, 연봉제를 도입한 기업들의 노동생산성은 국내산업 전체의 평균치에도 미치지 못했다. 이 조사결과를 통해 연봉제가 오히려 노동생산성에 악영향을 끼쳤음이 밝혀졌고, 이는 성과주의 인사제도 도입의 필요성을 주장해 왔던 학계와 경영자들에게 큰 충격을 주었다.

미국 내에서도 성과주의 인사제도의 폐해를 반성하는 분위기가 일기 시작했다. 개인 간의 과열경쟁, 조직의 분열 등 각종 폐해가 드러남에 따라 스톡옵션의 폐지와 같은 다양한 보완책이 강구되었다. 진지한 고민 없이 성급하게 성과주의를 도입한 일본 기업들도 많은 부작용을 겪었고, 제도를 개선하기 위해 노력하는 분위기다. 필자 역시 최근 10여 년간 현장조직을 진단하면서 그러한 문제점을 발견했고, 최근 들어 여러 현장보

· 체계적인 목표관리제도와 평가제도가 미비하다
· 장기적 목표보다 단기적이고 가시적인 목표에 치중한다
· 평가결과가 피드백되지 않는다
· 부서 간의 협력과 조직의 활성화에 기여하지 못한다
· 임금체계가 조직의 특성에 맞지 않다
· 승진제도가 공정하고 객관적이지 못하다
· 과도한 경쟁이 요구되어 조직에 대한 충성도가 떨어지고 이직자가 증가한다

:: 표3 기존 성과주의 인사제도의 문제점

고서에서도 이런 맥락의 문제점이 드러났다. 이제 우리 기업들은 선진국의 제도를 별 생각 없이 베끼는 습관을 버리고 우리나라 고유의 경영관행과 기업문화를 바탕으로 하는 새로운 성과주의 인사제도를 모색해야 한다.

잘나가던
후지쯔가
발목 잡힌 사연

앞서 설명한 것처럼 외환위기 이후 많은 우리 기업들은 철저한 검토 없이 선진국의 성과주의 인사제도를 그대로 도입하면서 여러 가지 심각한 부작용을 겪었다. 직급파괴, 연봉제, 인센티브, 스톡옵션 등의 미국식 제도가 한국의 사회문화적 특성과 마찰을 빚는 일도 빈번했다. 성과급 제도를 도입한 일부 기관에서는 이미 지급한 성과급을 다시 걷어서 모든 직원들에게 똑같이 나눠주는 식의 웃지 못할 일도 일어났다.

성과주의 인사제도를 성공적으로 도입하기 위해서는 각 조직의 특성을 충분히 고려하여 철저한 검토를 거쳐야 한다. 그런 노력 없이 선진국의 제도를 따라 하는 데에만 급급한 조직은 갖가지 폐해와 심각한 부작용을 겪을 수밖에 없다.

이웃나라 일본도 예외는 아니다. 일본 굴지의 IT기업 후지쯔Fujitsu는 일본의 대기업 중에서 가장 먼저 성과주의를 도입한 곳이다. 1990년대로 접어들면서 일본의 거품경제가 붕괴되고, 일본 전체가 커다란 경제적 위기를 맞게 되었다. 이에 따라 '연공서열'과 '종신고용'을 중요시하는 전통적인 일본식 경영법이 도마에 올랐다. 후지쯔는 이를 극복하기 위한 노력의 일환으로 1993년에 성과주의를 전격적으로 도입하였다. 하지만 후지쯔의 성과주의 경영은 보기 좋게 실패하고 말았다. 과연 그 이유는 무엇일까?

한마디로 몸에 맞지 않는 옷을 억지로 입혔기 때문이다. 직원들의 의식구조는 변하지 않았는데도 불구하고 그에 맞지 않는 선진국의 제도를 무리하게 적용하려 했던 것이다. 경영진은 야심차게 성과주의를 도입했지만, 중간 관리자들은 자신의 성과와 상관없이 항상 높은 평가를 받고 높은 임금을 챙겨갔다. 이들로부터 평가를 받는 부하직원들은 회사를 믿지 못했고, 상사와 부하 사이에는 갈등만 쌓여갔다. 파벌주의의 악습 또한 공공연히 유지되고 있었다. 성급하게 도입한 성과주의는 인사부서의 무능력과 준비부족, 그리고 실패한 변화관리로 인해 부정적인 결과만을 낳고 무참히 실패했다.

이미 옷값을 지불했다고 해서 몸에 맞지 않는 옷을 억지로 입으려고 하는 사람은 없을 것이다. 몸에 맞지 않는 옷은 수선을 해서 입어야 한다. 마찬가지로, 내부의 문화와 구성원들의 의식수준을 먼저 파악하고 철저한 계획을 세워 제도를 조직의 특성에 맞도록 개선하는 일이 새로운 제도를 도입하는 데 있어서 무엇보다도 중요하다.

국내기업들도 구성원의 정서를 감안하지 않고 보상에 심한 격차를 두거나 과도한 경쟁을 부추겨 팀워크를 무너뜨리는 경우가 많다. 그 결과, 과정이야 어찌 됐든 결과만 좋으면 된다는 식의 결과지상주의가 우리 사회에 팽배하여 각종 비리와 도덕적 해이의 원인이 되고 있다.

'우리 몸엔 우리 것이 좋다'는 말이 있듯이, 아무리 좋아 보이는 옷도 자기 몸에 맞지 않으면 아무런 소용이 없다. 선진국의 제도를 무리하게 도입하는 것은 아니함만 못한 일이다. 조직의 특성을 살펴서 그에 맞게 제도를 '수선'하는 과정이 우선시되어야 한다. 그렇다면 일본의 기업들은 이를 어떻게 실천하고 있을까?

일본식 맞춤형
성과주의
'일본형 연공제'

영국의 경제전문지 〈이코노미스트Economist〉는 2004년 특집 기사로 일본의 기업들을 언급하면서, 그들은 서구의 자본주의적 가치를 적극적으로 받아들이면서도 여전히 연공서열이나 종신고용과 같은 전통적 가치를 중요하게 여기고 있다고 했다.

〈이코노미스트〉는 서구식 자본주의의 장점을 최대한 흡수하되, 자국 문화의 특성을 보존하는 이러한 '일본식 자본주의'를 '하이브리드 모델 Hybrid Model'이라 이름 붙였다.

일본 와세다 대학과 영국 킹스칼리지King's College의 두 전문가가 723개의 일본 기업을 대상으로 조사한 바에 따르면, 이런 하이브리드 모델을 채택한 곳은 전체의 24%였고, 42%는 전통적인 제도를 고수하고 있었다.

그들은 하이브리드 모델을 채택한 기업 중에서도 캐논, 도요타, 야마하, 미쯔비시 등의 기업이 보다 나은 성과를 기록했다고도 덧붙였다.

도쿄대 대학원 경제학연구과 교수 다카하시 노부오는 그의 책《성과주의의 허상》에서 능력과 실적에 따라 일의 내용이 가속적으로 달라지는 것이 '일본형 연공제'이며, 장기적 성과를 창출하는 데에는 이 제도가 더 유리하다고 주장했다. 그는 '일본형 연공제'의 장점을 신봉하며 일본형 연공제는 능력과 실적의 차이가 '급여'가 아닌 '다음에 맡게 될 업무의 내용'으로 보상되는, 세련되고 훌륭한 제도라고 말했다.

앞서 언급한 후지쯔는 2005년에 성과평가 방법을 바꾸어 업무성과가 아닌 '조직에 대한 공헌도'를 최우수 항목으로 정했다. 구성원 간의 연대감을 해치는 미국식 성과주의 인사제도의 폐해를 반성한 끝에 변화를 결심한 것이다. 일본형 연공제는 이처럼 미국식 성과주의와 융합되어 지속적인 진화를 거듭하고 있다.

전자왕국 소니Sony를 제치고 일본 전자제품 시장의 총아로 떠오른 캐논은 2001년에 드디어 제도피로制度疲勞를 일으켰던 인사제도를 개혁했다. 연공서열 중심의 급여체계와 밀접하게 연관된 정기승급제도를 폐지하고, 사원들의 업무와 성과에 맞춘 합리적 급여체계를 마련했다. 구성원들의 사기를 드높이는 캐논의 새로운 인사제도는 인간존중과 종신고용을 바탕으로 한 일본식 성과주의 인사제도의 전형이다.

1980년대부터 세계 자동차 시장을 주름잡아 온 도요타도 1990년대 중반부터 연봉제와 인센티브 제도를 강화하기 시작했다. 그와 동시에 그들은 종신고용이라는 전통적 가치 또한 지켜나가고 있다. 그것은 구성원들이 일치단결해 문제점을 발견하고 이를 해결하기 위해 노력하는 도요타 특유의 '가이젠 문화(改善文化)'를 지속 발전시키고자 하는 의지의 산물이다.

성과주의 한국화,
이것만은
알고 가자

　일 잘하는 사람에게 높은 급여를 주는 것, 즉 성과주의에 기반을 둔 인사제도의 도입은 이제 거스를 수 없는 대세가 되었다. 하지만 앞에서 살펴보았듯이 도입과 운영방식에 세심한 주의를 기울이지 않는다면 그것은 오히려 조직에 해를 끼치는 독이 될 수도 있다. 구성원들의 주인의식을 120%, 130% 끌어올리기 위해서는 일본 기업들이 미국식 성과주의를 일본식으로 바꿔가고 있는 것처럼 우리 기업들도 성과주의를 한국식으로 체질화하여 새로운 인사제도를 만들어야 한다. 그러한 변혁을 성공적으로 이루기 위해 국내기업들이 지켜야 할 몇 가지 원칙을 다음과 같이 소개한다.

목표관리제도는 구성원 개개인의 업무와 조직의 목표를 연관시키는 역할을 한다. 따라서 이를 기반으로 평가를 실시하면 개인의 성과가 조직의 목표를 기준으로 평가되므로 평가의 객관성이 보장된다. 또한 목표관리제도는 개인의 목표를 스스로 세우게 함으로써 업무에 대한 동기를 부여한다는 장점이 있다. 이는 조직 구성원들 간의 커뮤니케이션을 활성화하는 데에도 큰 도움을 준다. 그러므로 조직은 목표관리제도를 평가와 보상을 위한 제도로만 인식하지 말고, 개인의 목표를 설정하고 실행하도록 유도하는 방식으로 적극 활용해야 한다.

많은 사람들이 성과평가의 목적을 구성원들을 통제하고 급여액수를 결정하는 것으로 잘못 생각하고 있다. 그러나 사실 성과평가는 구성원들의 성과를 향상시키는 것이 목적이다. 구성원들은 평가결과를 통해 자신의 부족한 점을 파악하고, 그것을 토대로 상사와 협의하여 새로운 목표를 설정할 수 있다. 그렇게 설정된 목표를 달성하기 위해 노력할 때 보다 높은 역량과 성과를 일구어낼 수 있는 것이다. 이를 위해 조직은 면담 등을 통해 평가결과를 당사자에게 알려야 하며, 또 그 결과를 토대로 각 구성원의 특성에 맞는 경력개발 및 인재육성 프로그램을 실행해야 한다.

평가에 있어 가장 중요한 요소는 공정함과 객관성이다. 물론 100% 완벽한 공정성을 가진 평가기준은 존재하지 않겠지만, 평가기준이 모호하고 두루뭉술하다면 구성원들은 결과를 납득하지 못하고 조직을 불신할 수밖에 없다. 또한 평가의 내용을 공개하지 않거나 제대로 된 피드백을 주지 않는다면 평가기준에 대한 의혹이 제기될 수도 있고, 그렇게 된다면 조직과 구성원 사이의 신뢰가 무너져버릴 것이다.

넷째, 보상제도가 합리적이어야 한다

"배고픈 건 참아도 배 아픈 건 못 참는다."는 말이 있다. 물론 높은 성과를 낸 사람에게는 그만큼의 보상이 주어져야 하겠지만, 보상의 크기가 양극화되는 것은 바람직하지 않다. 보상의 격차가 필요 이상으로 심해지면 가장 높은 성과를 낸 소수를 제외한 다른 구성원들은 그만큼 소외감이 커지고, 조직에 대한 충성심도 줄어들기 때문이다. 보상의 기준을 결정할 때엔 구성원들의 정서를 충분히 감안해야 한다. 개인성과보다 조직성과에 따른 인센티브 지급을 지향하는 것도 이런 문제를 해결하는 방법 중 하나다.

다섯째, 비금전적 보상과의 연계가 필요하다

금전적 보상은 A급인재를 확보하고 유지하는 가장 유효한 수단임에 분명하지만 그것만으로는 모든 구성원들에게 도움을 주기 힘들다. 조직은 A급인재가 아닌 다른 구성원들에게도 성장의 기회를 주어 그들을 육성해야 한다. 평가결과를 감안해 직무를 순환시키거나 경력개발의 기회를 제공하는 등 다양한 인재육성제도가 검토되어야 한다. 전문가 양성제도 또한 그러한 제도의 좋은 예다. 도요타와 삼성은 이와 같은 인재육성 제도를 효과적으로 운영하여 글로벌 기업으로 성장한 대표적인 기업이다. 그밖에 우수인재에 대한 발탁인사, 인간적 화합을 강조하는 인화경영, 멘토제, 코칭제도 등도 바람직한 비금전적 보상정책이다.

여섯째, 변화관리 프로그램을 통해 구성원들의 이해와 공감을 얻어야 한다

성과주의 인사제도는 하루아침에 정착되지 않는다. 다른 제도들도 마찬가지겠지만, 성과주의 인사제도가 조직 내에 자리 잡으려면 적어도 2~3년의 기간을 거쳐야 한다. 그렇게 긴 시간을 거쳐 성과주의가 성공적으로 정착되려면 성과주의에 대한 구성원들의 이해가 우선적으로 필요하다. 이를 위해 조직은 성과주의에 대한 설명회 등을 통해 구성원들이 성과주의를 제대로 이해할 수 있도록 꾸준히 노력해야 한다. 그리하여 조직 구성원들에게 '나도 성공할 수 있다.'는 자신감을 심어주어야 한다.

한국형 성과주의 인사제도 구축방향 ◉ 인재육성형 성과주의 인사제도	1. 목표관리제도에 기반을 둔 평가와 보상
	2. 평가는 인재육성을 목적으로
	3. 평가의 공정성과 투명성 확보
	4. 합리적 보상제도 구축
	5. 비금전적 보상의 연계
	6. 구성원의 이해와 공감 획득방안 마련
	7. 한국적 정서와 특성 고려

:: 표4 한국형 성과주의 인사제도 구축방향

우리나라 조직 구성원들은 위험회피성향이 강한 편이다. 구성원 간의 임금격차가 너무 커지면 경쟁이 과열되고, 위험회피성향이 강한 많은 구성원들은 지레 겁먹고 경쟁을 피하려 할 것이다. 조직 전체가 제대로 된 성과를 창출하지 못함은 물론이다. 그러므로 구성원들이 공감할 수 있는 수준으로 임금격차를 조정하는 것이 좋다. 조직에 대한 소속감을 중요시하는 한국적 정서를 감안하여 조직성과와 그에 대한 개인의 공헌도를 동시에 고려하는 평가방법을 개발하는 것 또한 중요하다.

성과주의 인사제도의 성패는 경영자의 강력한 의지와 리더십에 달려 있다. 경영자는 구성원들과 조직의 비전을 공유하고 그들 개개인의 존엄성을 존중해야 한다. 그리하여 모두가 책임의식과 주인정신을 가지고 도전적으로 일하는 분위기를 만들어간다면 한국형 성과주의의 미래는 결코 어둡지 않을 것이다.

한국적 정서,
'선의 문화'를
심어라

미국인들은 개인의 능력으로 승부를 가르는 100미터 달리기와 같은 경기를 선호하지만, 일본인들은 다 같이 손을 잡고 함께 들어오는 2인3각과 같은 경기를 가장 좋아한다. 그렇다면 한국인들은 과연 어떨까?

한국인들은 개인의 역량이 모여 단체의 성적에 기여하는 계주와 같은 스포츠를 선호하는 경우가 많다. 쇼트트랙이나 양궁 또한 개인 간의 경쟁을 기본으로 하면서도 모두가 단합된 힘을 발휘할 때 좋은 성적을 낼수 있는 대표적인 종목이다.

이처럼 세계 여러 나라들이 가진 서로 다른 문화와 국민성은 무시할 수 없는 중요한 요소다. 미국의 문화와 국민성은 일본과 다르고, 또 일본의 문화와 국민성은 한국과 다르다. 미국인들은 개인적인 가치를 우선시하는 '점点의 문화'를 가지고 있고, 일본인들은 집단을 중요시 하는 '면面의 문화'를 갖고 있다. 한편, 한국인들은 평소에는 개인적인 성향이 강하지만 단결된 모습 또한 자주 보여주는 유연한 '선線의 문화'를 가지고 있다.

성과주의 인사제도를 구축하기 위해 조직이 가장 먼저 주목해야 할 것은 바로 이런 국민적 정서다. 조직을 구성하는 것도, 이끌어 가는 것도 결국엔 사람이다. 따라서 각자의 능력과 가치관을 존중하는 조직 문화는 어떤 조직에든 필수적이다. 한국형 성과주의가 성공적으로 정착하기 위해서는 그런 점이 우선적으로 고려되어야 한다.

우리나라는 외환위기 이후 적극적으로 선진국의 경영방식을 받아들이면서 경영의 세계화를 추구해왔다. 그러나 아직은 혈연과 지연, 학연 등을 의식하는 국민적 정서가 상당부분 남아 있는 것이 사실이다. 따라서 성과주의를 한국화하려면 이를 반영한 인사제도를 구축하여 구성원 모두의 역량과 사기를 끌어올릴 방안을 끊임없이 고민해야 한다. 그런 고민 없이 서둘러 겉모습만을 빌려 쓰는 조직은 문화적 충돌과 구성원들의 반발에 직면해 오랫동안 고전할 수밖에 없다.

	국민성		기업에 관한 인식
미국	점		당신의 회사(주주 이익 중심)
일본	면		내 회사(사장의 책임)
한국	선		우리 회사(공동의 책임)

:: 표5 미국, 일본, 그리고 한국의 기업문화 비교

이웃나라 일본의 대기업들은 이미 성과주의 자국화를 몸소 실천하고 있다. 도요타, 캐논 등의 여러 기업들이 일본 고유의 장기고용 전통과 성과주의 제도를 접목하는 데 열심이다. 35세까지의 직원들을 대상으로 시행되는 도요타의 '대단위 육성'은 35세 이하의 직원에게는 연공서열 제도를 적용하고, 36세가 되는 순간부터 엄정한 성과주의 인사제도를 적용하는 일종의 '하이브리드 제도'다. 후지쯔 등의 기업은 성과평가를 실적에만 근거한 평가에서 일본산업 고유의 특성을 감안한 프로세스 중심의 평가로 전환하고 있다.

모든 일은 사람이 하고, 모든 조직은 사람이 만든다. 일이 잘되게 하려면 성과를 내는 것도 중요하지만 그에 앞서 사람을 중심으로 생각하는 인본주의적 사고방식을 먼저 갖춰야 한다. 장기적으로 자신의 능력을 100% 발휘할 수 있는 곳, 가치관이 존중받는 직장, 업무에 몰입하기 좋은 환경을 만날 때 개인의 잠재력은 크게 발휘되는 법이다.

한국형 성과주의의
새로운 대안,
ABC 인재경영

　지금까지 성과주의를 한국식으로 체질화하는 요령에 대해 알아보았다. 그러나 한국형 성과주의를 도입했을 때 어떤 효과가 나타날지 모른다면 도입의 의미가 명확해지지 않을 것이다. 그 기대효과는 다음과 같이 정리할 수 있다.

1. 경쟁원리를 통해 경쟁력이 제고된다

　멸종된 사슴들의 공통적인 특징은 풀을 뜯으면서 주위를 살피지 않았다는 것이다. 그러나 지금까지 멸종되지 않고 명맥을 유지하는 사슴들은 풀을 뜯으면서도 항상 긴장하고 주위를 경계하는 습성을 가지고 있다.

　앞에서 설명했듯이, 어느 조직에든 A급인재, B급인재, 그리고 C급인재가 고루 존재한다. 성과주의 경영은 서로의 차이를 인정하고 상호경쟁을 통해 개개인이 마음껏 능력을 발휘할 수 있게 해준다. 건전한 경쟁환경 속에서 공정하게 평가받을 때 개인과 조직의 경쟁력은 더욱 탄탄해지게 마련이다.

2. 능력에 합당한 보상이 가능하다

성과주의 인사제도하의 연봉제는 개인의 업적과 능력을 평가하여 이를 기초로 매년 임금을 조정하는 제도다. 또한 인센티브는 구성원 각각의 성과와 역량을 기초로 지급하는 보너스의 일종이다.

한국형 성과주의 인사제도하에서는 공정하고 투명한 평가를 통해 연봉과 인센티브가 결정되므로, 구성원들은 자기 능력 수준에 합당한 보상을 받을 수 있다. 또한 금전보다 명예를 중요시하는 국내의 정서를 고려하여 비금전적 보상을 강화한다면, 구성원들은 더욱 신바람 나는 조직생활을 영위하고 업무에 몰입하기도 쉬워질 것이다.

3. 높은 성과가 창출된다

성과주의 인사제도를 도입하기 전에는 대다수의 조직들이 얼마나 열심히 일했는지, 얼마나 오래 일했는지를 기준으로 구성원들을 평가했다. 그러나 성과주의 인사제도는 평가의 패러다임 자체가 다르다. 구성원들의 성과와 역량을 정확히 파악하여 각자에게 맞는 인재관리 방식을 적용하기 때문이다.

그중에서도 구성원들을 A, B, C의 세 등급으로 구분하는 'ABC 인재

경영'은 조직 내의 모든 구성원들을 세 그룹으로 나누어 관리하는 방법으로, 조직으로 하여금 좀 더 효율적이고 체계적인 인재관리 방안을 구축할 수 있게 해준다.

이렇게 자신의 성과와 역량, 즉 능력에 맞는 보상을 받고 관리를 받으면서 구성원들은 더 높은 성과를 내기 위한 역량을 갖추게 된다.

4. 자율경영과 책임경영이 확립된다

조직의 규모가 커지고 경영환경이 복잡해짐에 따라 업무를 맡은 개개인이 책임지고 업무를 수행하도록 하는 책임경영의 필요성은 점차 증대된다. 그리고 이런 책임경영을 효과적으로 수행하기 위해서는 자신이 맡은 업무에 대한 자율적인 의사결정을 보장해주는 자율경영 또한 필요하다. 이런 자율경영은 현장을 경영하는 역할을 맡은 담당 부서장과 구성원들에게 권한을 위양해줄 때 비로소 가능하다.

이를 독려하기 위해 필요한 것이 바로 성과주의 인사제도다. 특히, 한국식으로 체질화된 성과주의 인사제도는 성과에 따른 합당한 보상을 보장하고 구성원들의 정서도 만족시킨다는 점에서 개개인의 업무에 대한 주인의식을 높여주는 좋은 수단이다.

5. 성과평가를 통해 리더들의 리더십이 향상된다

성과주의 인사제도의 핵심은 평가와 보상이다. 특히, 구성원들에 대한 평가가 제대로 이루어지지 않으면 보상 또한 적절하게 이루어질 수 없다는 점에서 공정하고 객관적인 평가는 성과주의 인사제도의 가장 중요한 요소다.

그러나 사람을 평가한다는 것은 결코 쉬운 일이 아니다. 성과주의 인사제도가 시행되지 않는다면 평가자의 선입견이나 인간관계, 온정주의와 같은 비합리적인 요소가 평가결과를 좌우할 소지가 크다. 그렇게 되면 리더는 구성원들에게 적확한 피드백을 제공하지 못하며, 따라서 구성원들의 능력도 제대로 향상되지 못한다.

하지만 성과주의 인사제도를 도입하면 공정하고 투명한 성과평가의 길이 열린다. 리더들은 이를 통해 구성원들에게 정확하고 상세한 피드백을 제공할 수 있고, 그렇게 함으로써 그들을 육성하는 보다 나은 리더십을 발휘할 수 있다.

앞서 우리는 조직 구성원들을 성과에 따라 'A급인재', 'B급인재', 그리고 'C급인재'로 나누었다. 성과주의에 바탕을 둔 'ABC 인재경영'은 제 능력을 발휘하지 못하는 구성원들에게 다시 한 번 기회를 주고 그들이 성과를 낼 수 있도록 지원하는 데 목적이 있다. 물론 조직의 그러한 노력에도 불구하고 성과를 내지 못하는 구성원들에게는 퇴출이라는 특단의 조치를 취해야 한다.

또한 이를 뒷받침하기 위해 높은 역량을 가지고 좋은 업무성과를 내는 구성원에게는 획기적인 보상을 제공하고, 반대로 역량이 부족하고 업무성과도 나쁜 구성원에게는 그에 상응하는 불이익을 주어야 한다.

그러나 이것이 잘못 운영되어 지나친 경쟁심이 유발된다면 그 조직은 분위기 침체나 팀워크 훼손과 같은 심각한 부작용을 피하기 힘들다. 조직은 다양한 구성원들이 주인정신을 가지고 업무에 몰두할 수 있도록 도와주고, 건전한 경쟁을 통해 조직과 구성원들이 서로 '윈윈win-win'하는 분위기를 조성해야 한다.

그렇다면 그들 각각에 맞는 처방전은 어떻게 마련해야 할지 이제부터 자세히 살펴보도록 하자.

chapter
03

반드시
붙잡아라,
A급인재

10만 명을
먹여 살리는
그들은 누구인가

칭기즈칸의 유럽정벌 이후에 동서양의 힘이 정면으로 부딪힌 전쟁은 지금까지 세 차례가 있었다고 한다. 첫 번째는 영국과 중국 간의 아편전쟁, 두 번째는 미국과 일본 간의 태평양전쟁이었다. 마지막 세 번째 전쟁은 지금도 계속되고 있는데, 재밌는 점은 이것이 이전의 전통적인 전쟁과는 매우 다른 형태를 띤다는 것이다. 이 전쟁은 바로 미국과 일본 간의 경제전쟁이다.

그런데 최근 들어 동서양 간의 네 번째 전쟁이 시작됐다. 스마트폰과 태블릿 PC로 유명한 미국 애플Apple 사와 하드웨어에 강한 우리나라 삼성의 경쟁이 그것이다. 앞선 세 번의 전쟁에서 승패를 가르는 가장 중요한 요소가 작전이나 기술력이었다면, 최근의 네 번째 전쟁에서는 인재관리

능력이 승패를 좌우하는 가장 근본적인 요소로 꼽힌다.

기술력의 관점에서 보면 도요타, 소니, 노키아Nokia 등의 기업들은 쇠락하리라고는 상상하기 어려울 정도로 높은 경쟁력을 가지고 있다. 그러나 앞으로는 기술력보다 경영자의 통찰력과 창의력, 즉 인재관리 능력이 기업 경쟁력의 가장 중요한 척도가 될 것이다. 이제, 삼성이나 애플과 같이 뛰어난 인재경영을 통해 창의적인 성과를 이뤄내는 기업들이 세계경제의 판도를 뒤흔들고 있다.

과거에 많은 기업들은 기술력이라는 하나의 잣대만을 가지고 구글이나 애플을 무시했었다. 하지만 기술력을 등에 업고 승승장구하던 닌텐도Nintendo, 노키아, 소니와 같은 기업들이 지금에 와서는 고전을 면치 못하고 있다. 기술전쟁도 인재전쟁과 같다. 조직의 승패는 구성원들의 격차에 달려 있다고 봐도 무방하다.

그에 따라 최근 세계의 일류기업들은 A급인재를 확보하기 위해 업종과 국경을 넘나들며 동분서주하는 모양새다. 세계적으로 강력한 경쟁력을 갖춘 GE와 삼성도 미래의 생존을 위해 A급인재를 확보하는 데에 역점을 두고 있다. 특히 삼성은 오래 전부터 A급인재를 미래 경쟁력의 원천으로 보고 국적을 불문한 우수인재 확보에 열중해왔다.

이건희 삼성회장은 "A급인재 한 명이 만 명, 혹은 10만 명을 먹여 살린다."고 강조하며 인재경영의 중요성을 역설한 바 있다. 1993년에 세계최초로 청색 LED를 개발한 일본 중소기업 니치아 화학공업의 나카무라 슈지는 그런 A급인재의 대표적인 사례다. 연구에 몰두하기 위해 승진도 포기하고 밤낮없이 실험에 매진했던 그는 사측의 반대를 무릅쓰고 고독한 싸움을 벌인 끝에 청색 LED를 발명해냈다. 그 덕분에 조그만 형광등 회사에 불과했던 니치아의 매출은 무려 다섯 배나 뛰어올라 1,600억 엔 정도였던 매출액이 8년 후에는 8,000억 엔이 되었다.

하지만 그런 A급인재에게 정당한 보상을 하지 않는다면 기업은 그 인재를 잃게 될 뿐 아니라 큰 경제적 손실까지도 입을 수 있다. 혼자서 기업 전체의 폭발적 성장을 일궈낸 나카무라 슈지에게 돌아간 보상은 단돈 2만 엔. 이에 불만을 품은 그는 회사를 그만두고 미국 캘리포니아로 날아가 대학 교수가 되었다. 이후 그는 니치아를 상대로 소송을 제기하여 8억 4,000만 엔이라는 거금을 받아냈다.

A급인재는 이처럼 조직의 명운을 좌우할 수도 있는 뛰어난 존재다. A급인재 한 명이 먹여 살리는 사람의 수는 계속해서 늘어날 전망이다. A급인재들은 그들이 가진 출중한 능력만큼이나 까다로운 존재들이다. 그들은 기업의 대우가 마음에 들지 않으면 언제든 미련 없이 떠날 준비가 되어 있는 사람들이다. 그러므로 A급인재를 관리하는 데에는 그만큼의 정성과 노력이 수반되어야 한다. 그러나 이 모든 것을 감내하고 A급인재를 성공적으로 확보하고 유지한다면 그 조직의 미래는 더욱 밝게 빛날 것이다.

A급인재 감별
삼강오륜

이건희 삼성 회장은 임직원들에게 A급인재 경영의 중요성을 강조하면서 "바둑 1급 10명이 1단 1명을 이기지 못한다."라고 말하곤 했다. 또, 일류기업의 경영자와 전략가들은 A급인재의 유입과 유출이 향후 기업 간 경쟁의 판도를 좌우할 것이며, 따라서 A급인재들을 확보하는 기업은 번창하고 그렇지 못한 기업은 도태될 것이라고 예견하고 있다. 이젠 어떤 조직이든 A급인재를 확보하려는 노력을 게을리해서는 안 되는 시대가 왔다.

A급인재를 확보하기 위해서는 가장 먼저 어떤 인재가 A급인재인가 하는 기준부터 명확히 해두어야 한다. 최근 선진기업들은 A급인재가 되기 위한 조건으로 높은 전문성과 업무능력뿐 아니라 인간적 매력과 도덕성

등의 인성까지 갖출 것을 요구하고 있다. 가치관에 문제가 있는 인재는 아무리 성과가 높아도 결국엔 조직에 해를 끼친다는 논리다. 조직의 상황을 철저히 파악하고 그에 적합하게 대처하는 지혜와 실천력 또한 A급인재가 되기 위한 중요한 조건이다. 아무리 능력이 좋더라도 이를 실질적인 가치창출로 연결시키지 못하는 인재는 조직의 입장에선 아무 쓸모가 없기 때문이다. 선진기업과 대기업들이 일반적으로 정의하는 A급인재의 특성은 다음과 같다.

첫째, 대체비용이 많이 드는 인력으로, 그들이 퇴사하면 대체인력을 확보하거나 육성하는 데 굉장한 비용이 소요된다. 어떤 조사결과에 의하면, 새로운 A급인재를 확보하거나 육성하는 데는 기존의 A급인재를 유지하는 데 소요되는 비용의 네 배가 필요하다.

둘째, 매우 높은 잠재력을 지닌다. 두각을 나타내는 분야는 각자 달라도 그들은 모두 자신의 분야에서 최고의 능력을 발휘하는 인재들이다. 거기에 5년 후, 10년 후를 내다보는 통찰력까지도 갖추고 있다. 따라서 앞으로 지금보다도 훨씬 더 출중한 능력을 보여줄 가능성이 높다.

셋째, 성과와 역량이 뛰어나다. 앞서 설명한 니치아 화학공업의 나카무라 슈지처럼, 경우에 따라서는 한 명의 A급인재가 조직 전체를 급격히 성장시킬 정도로 엄청난 성과를 창출하기도 한다.

넷째, 조직의 핵심전략을 추진하고 장기적 성장에 기여한다. A급인재는 기업의 핵심전략을 수행하는 데 필수불가결한 기술을 보유하고 있으며, 혁신적인 방법으로 문제를 해결하는 능력 또한 소유하고 있다. 때때로 그들이 제시하는 새로운 아이디어 하나가 시장 전체의 판도를 뒤집어놓기도 한다.

다섯째, 그들을 통해 기업이 기술발전에 빠르게 대응할 수 있다. 오늘날 테크놀로지는 급속도로 발전하고 있고, 이에 따라 새로운 직종과 업무영역이 계속해서 등장하고 있다. 그런 새로운 분야의 A급인재를 빠르게 확보하는 것이 다른 기업과의 경쟁에서 우위를 차지하는 길이다.

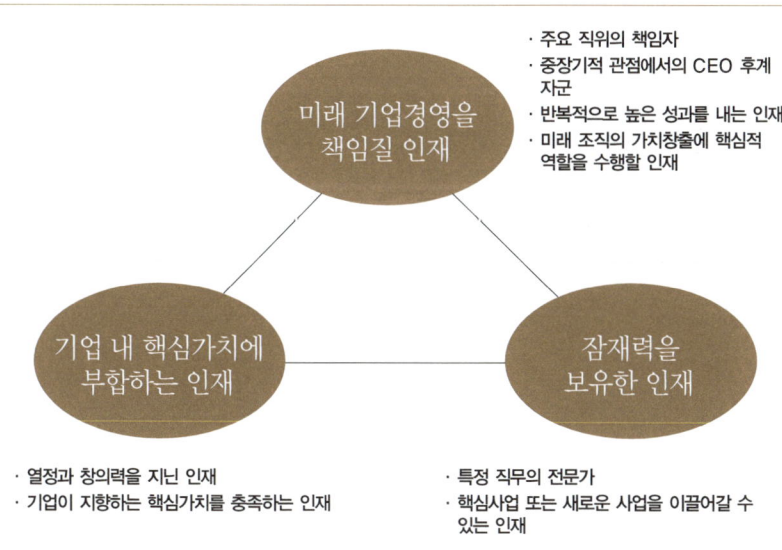

미래 기업경영을 책임질 인재
· 주요 직위의 책임자
· 중장기적 관점에서의 CEO 후계자군
· 반복적으로 높은 성과를 내는 인재
· 미래 조직의 가치창출에 핵심적 역할을 수행할 인재

기업 내 핵심가치에 부합하는 인재
· 열정과 창의력을 지닌 인재
· 기업이 지향하는 핵심가치를 충족하는 인재

잠재력을 보유한 인재
· 특정 직무의 전문가
· 핵심사업 또는 새로운 사업을 이끌어갈 수 있는 인재

::표6 A급인재의 3요소 　　　　　　　　　출처 : (주)조인스HR 컨설팅 보고서

대기업의 A급인재든 중소기업의 A급인재든 그 특성은 크게 다르지 않다. 하지만 기업의 상황에 따라 경영환경은 달라지므로, 중소기업은 기업 고유의 상황을 감안하여 A급인재의 기준을 정의할 필요가 있다. 예를 들어, 선진기업들은 세계 일류수준의 능력을 가진 인재를 A급인재로 보지만, 중소기업의 경우엔 국내에서 탁월한 능력을 드러내는 인재로 눈높이를 낮추는 것이 좋다. 세계 일류수준의 인재를 중소기업에서 확보하고 유지하는 것은 현실적으로 어려운 일이기 때문이다.

A급인재 관리,
이렇게
'SET'하라

필자는 최근 들어 중소기업 CEO를 대상으로, 또는 현장을 중심으로 A급인재 관리에 대한 강의나 컨설팅을 할 기회를 자주 얻었다. 그러나 경영자는 물론 현장 관리자들의 거센 반감에 부딪혀 난감해지는 경우가 많았다. 예컨대 '똑같이 입사해서 일하는데 왜 누구는 인삼 뿌리를 씹고 누구는 무 뿌리를 씹어야 하느냐'는 식이다.

A급인재 관리방안을 성공적으로 수립하는 것은 중소기업에게는 매우 어려운 일이다. 목표에 도달하기까지 수많은 장애물을 넘어야 하고, 그러기 위해서는 긴 시간이 필요하기 때문이다. 하지만 대기업이라고 그런 문제를 피해갈 수 있는 것은 아니다. 지금은 '한국 최대의 인재그룹'으로 통하는 삼성도 처음으로 A급인재 확보에 나섰던 1990년대 초에는 수년

동안이나 이런 어려운 문제를 겪었다.

A급인재를 확보하고 유지하기 위해서는 현실적 문제가 제대로 파악되어야 한다. 기업의 업종, 특성, 전문 인력이 필요한 분야, 그리고 인재관리에 대한 기업의 투자능력을 바탕으로 A급인재의 개념이 정립되어야 비로소 A급인재에 대한 관리가 가능해진다.

이러한 문제를 감안하여 필자는 대기업과 차별화된, 중소기업에 적합한 A급인재의 개념과 A급인재 관리방안의 유형을 나름대로 정리해 보았다. 그리고 컨설팅이나 강의를 통해 이를 소개한 결과, 많은 중소기업으로부터 공감을 얻었다.

A급인재 관리방안은 크게 세 가지 유형으로 나뉜다. T(Talent)형, E(Excellent)형, S(Successor)형이 바로 그것이다. T형 관리방안은 조직의 핵심역량을 형성하는 천재급 인재와 높은 성과의 A급인재들을 선발하여 일정한 프로세스에 따라 관리하는 방식이다. 여기서 중요한 것은 A급인재를 선발할 때에는 외부채용(To-buy)과 내부선발(To-make)방식이 조화를 이루어야 한다는 점이다. 천재급 인재란 혼자서 만 명의 사람을 먹여 살릴 정도의 초고급 역량을 지닌 인재를 말한다. 이들은 5~10년 후에 조직의 핵심사업을 이끌어나갈 창의적이고 진취적인 인재들이다.

또한 조직은 계층이나 분야별로 일정비율의 A급인재들을 전략적 소수인재로 분류하여 파격적인 보상을 제공하고 핵심사업을 담당하게 할 수 있다. 이들은 차세대 리더로 양성되며 분야에 관계없이 폭넓은 범위의 주요 핵심 포스트로 진출한다.

이런 방식의 인재관리에는 삼성이 단연 두각을 나타내고 있으며, GE, 소니, 도요타 등의 해외 기업들도 탁월한 능력을 보여주고 있다. 중소기업에서는 이러한 T형 관리방안을 핵심기술을 가진 연구개발 직군이나 제조, 물류, 판매 등 소수의 직군에 한해 적용할 수 있다.

E형 관리방안의 경우에는 T형 관리방안과는 달리 외부채용보다 내부선발에 무게가 실린다. 이는 별도의 A급인재를 양성하는 형태로, 간부와 임원 중 특히 우수한 5~10%의 인재들을 선발한 후 하나의 그룹(Pool)으로 만들어 육성하는 방식이다.

이러한 E형 관리방안은 어느 정도 이상의 규모를 가진 조직이면 충분히 시행가능하고, 조직 내의 구성원을 육성하는 효과가 있기 때문에 중소기업에도 적용 가능하다. 이 방식으로는 T형 관리방안처럼 파격적인 보상을 제공하기는 어려우나, 가능한 범위 내에서의 충분한 금전적·비금전적 보상은 이루어지는 것이 좋다.

마지막으로 S형 관리방안은 선발된 A급인재들을 주요 포스트를 이어받을 후계자(Successor)로 육성하는 방식이다. 핵심직책이나 주요 포스트를 먼저 선정한 후 각각의 직책이나 포스트별로 4~5명의 A급인재를 배정한다. 또한 하부조직까지 후임자 그룹을 지정하여 현재 직책을 맡고 있는 구성원이 물러날 때 후임자 그룹의 인재를 그 직책에 임명한다. 이 S형 관리방안은 내부선발을 위주로 운영되지만, 일부 인재는 외부채용을 통해 선발되기도 한다. 이 그룹에 속하는 인재들은 평가결과에 따라 매년 조정된다. 이 방식은 금전적 보상 측면에서는 E형 관리방안보다 미흡하나, 그 대신 직책을 부여하여 경험을 쌓도록 하는 비금전적 보상이 주가 된다.

T(Talent)형 선발 및 관리 프로세스 확립 (삼성, GE 등)	· 외부채용(To-buy)과 내부선발(To-make)의 조화 중시 · 평과결과에 따른 상시 선발과 퇴출구조 유지 → 전략적 소수인재로 파격적 보상(삼성 : 전 직원의 1%, GE : 전 직원의 0.5%) · 삼성 : 천재급 인재 중시 → A급인재 확보가 CEO의 주요 업무지표 · GE : 4E+Vision(Session C 활용) → 핵심가치 수용 여부를 중요시 함(159페이지 참조)	천재급 인재 (연구개발 등) A급인재 (핵심 포스트)
E(Excellent)형 우수인력 선발·육성 프로그램 (도요타, 효성, 웅진 등)	· 내부선발 중시, 별도의 A급인재 양성 → 5~10%의 우수 간부 및 임원에게 육성기회 제공 · 평과결과에 따라 매년 인재그룹 조정, 금전적·비금전적 보상체계 · 도요타 : 프로인재, 프로사원 대상, '글로벌 경영자 양성'과 'Toyota Way'의 실천 → Toyota Institute를 설립하여 MDS(중간 관리자 육성 프로그램), GLS(글로벌 리더 육성 프로그램) 운영 · 포스코 : 일과 교육을 통한 미래의 경영리더 양성	우수인력 선발·육성
S(Successor)형 후계자 양성 프로그램 (LG, 소니 등)	· 내부선발, 일부는 외부채용 · 핵심 포스트 육성(Sony : 핵심직책별 4~5명, LG : 주요 포스트별 3명) → 하부조직까지 후임자를 지정하여 직책자가 물러날 경우 후계자 그룹에서 임명 · 평과결과에 따라 매년 인재그룹을 조정하나 금전적 보상은 미흡 → 직책 부여로 비금전적 보상 · 사업 또는 조직의 안정성이 전제되는 조직에 적용(공기업, 장치산업 등)	후계자 양성 (미래 경영자, 주요 직책자)

:: 표7 유형별 A급인재 관리방안　　　　　출처 : (주)조인스HR 컨설팅 보고서

팀워크를 위협하는
너무 '친절한'
인재관리

제프리 페퍼Jeffrey Pfeffer 스탠퍼드 경영대학원 교수는 A급인재 관리의 부정적 효과를 우려하며 "A급인재에 대한 지나친 특별대우는 득보다 실이 많다. 자칫하면 대다수 구성원들의 소외감을 불러일으키고, 사기를 침체시킬 수 있기 때문이다. 이런 현상이 지속되면 팀워크가 위협받고 생산성이 감소될 뿐 아니라 파괴적인 조직문화까지 양산될 위험이 크다."라고 말했다.

즉, 전체 구성원의 1~5%에 해당하는 소수의 인재를 차별적으로 관리하는 것은 자칫 조직에 심각한 해를 끼친다는 얘기다. 많은 우리 기업들도 이와 유사한 문제점을 겪고 있다. A급인재 관리가 잘못 이루어질 경우 발생하는 부작용은 다음과 같다.

첫째, 다수의 구성원에게 소외감을 느끼게 하는 지나친 차별적 관리는 결과적으로 구성원 전체의 사기를 저하시킨다. 국내의 한 컨설팅 업체가 최근 800여 명의 직장인을 대상으로 실시한 설문조사에 따르면, 자신이 회사의 A급인재라고 답한 경우는 53.2%나 되었다. 이는 많은 구성원들이 스스로의 잠재능력과 조직에 대한 충성심을 높게 평가하는 것으로 해석된다. 그러나 대부분의 조직이 특별관리 대상이라고 밝히는 A급인재의 비율은 전체 구성원의 5~10%를 넘지 못한다.

기존의 구성원들보다 월등히 높은 보수와 직급으로 외부인재를 채용한다거나, 연령대와 근무경력이 비슷한 사람들 사이에 너무 큰 보상의 격차를 두면 A급인재를 제외한 다른 구성원들의 사기와 충성도는 급격히 떨어지게 마련이다. 구성원들 간의 경쟁의식이 과열되어 팀워크가 무너질 공산도 크다.

둘째, 보상의 격차가 과도할 경우 잠재적 A급인재들이 도태될 가능성이 크다. 어떤 조직이든 제한된 자원을 효율적으로 활용하려면 선택과 집중을 할 수밖에 없다. 따라서 소수의 A급인재들에게 집중적으로 많은 자원을 투자하는 것은 자연스러운 현상이다. 하지만 그런 소수의 인재들에게 너무 집중한 나머지 다른 인재들을 소홀히 여긴다면 높은 잠재력을 가진 다른 인재들의 성장 기회를 빼앗는 결과를 초래할 수도 있다.

셋째, A급인재를 명확히 정의하지 않으면 엉뚱한 인재를 확보하거나 중요한 A급인재를 놓치기 쉽다. 실제로 A급인재의 중요성을 강조하면서 아이비리그Ivy League와 같은 유명대학 출신의 석·박사급 인력을 확보하는 데에 아까운 자원을 낭비하는 조직들이 많다. 여기에는 'A급인재 관리는 곧 해외파 고학력자 채용'이라는 잘못된 인식이 내재되어 있다. 하지만 해외파 고학력자와 A급인재는 동의어가 아니다. 조직의 사업 특성이나 경영방침에 따라 A급인재의 자격이나 요건은 달라지기 때문이다.

넷째, 선진 기업의 제도를 맹목적으로 모방할 경우 인재관리에 실패할 가능성이 크다. 인재관리에 관한 접근법은 조직 고유의 사업 특성과 독특한 가치 체계, 그리고 구성원들의 인적 특성에 따라 달라져야 한다. 다른 기업들의 인재관리 제도를 단순히 따라하는 데 그친다면 조직 고유의 특성이라는 높은 벽에 부딪혀 아무것도 하지 못하고 인재관리에 실패할 수 있다.

조직은 궁극적으로 소수의 A급인재뿐 아니라 전체 구성원들이 자신의 능력을 충분히 발휘하여 역량을 극대화할 수 있는 문화와 제도를 구축해야 한다. 그러기 위해서는 먼저 조직이 추구하는 가치와 철학이 반영된 인재관리 시스템을 갖추어야 한다. 또한 A급인재의 정의를 명확히 하고,

- 전체 구성원의 사기저하 및 소외감
- 내부 잠재인재의 도태 가능성 존재
- A급인재에 대한 모호한 정의와 잘못된 인식
- 선진 사례에 대한 맹목적 모방
- 채용보다 유지가 더 어려움

::표 8 A급인재 관리의 이슈와 문제점

평가에 공정성을 기해야 한다. 보상수준의 격차를 적절히 조절하고, 내부 인재에 대한 교육의 기회를 확대하며, 리더가 먼저 인재를 중시하는 솔선수범의 자세를 보여주는 것도 중요하다.

앞에서도 강조했지만, A급인재를 확보하는 것에 그친다면 A급인재 관리에 실패할 확률이 높다. 조직은 외부에서 채용한 인재든 내부에서 선발한 인재든 상관없이 모든 인재들에게 배치, 활용, 육성의 3단계 전략

과제규분	운영현황	개선방향
인재상	공통적인 인재상은 존재하나 A급인재에 관한 인재상이 없음	• 사훈, 인재상, 역량체계를 토대로 핵심인재상 도출
정의	없음	• 전략과 비전을 바탕으로 선진기업 사례를 벤치마킹하여 핵심인재 정의
유형	없음	• 활용전략에 따라 리더(Leader)군과 전문가(Specialist)군으로 분류 • 평가결과에 따라 A급인재를 다시 S급, A급, 준A급으로 분류
선발전략 (내부/외부)	자체 기준 적용하여 선발 및 채용	• 선발 및 채용 프로세스 확립 • 선발·심의절차 정립, 채용과정 개선방향 설정
육성전략	전사원 동일 교육체계 일부 인원 해외 장기연수	• A급인재 육성전략을 수립하여 멘토 지정, 교육프로그램 제시, 인사지원 프로그램 운영
평가 및 유지	평가기준 동일 유지 위한 노력 보완 우수인력은 발탁 실시	• 가산점 제도 운영하여 평가와 승진에 적용 • 역량평가를 통한 인재육성에 주력
보상전략	인센티브, 수당 등 금전적 보상체계 유지	• 현행제도를 향후 기업 전략에 맞게 보완 • 금전적 보상과 균형을 이루는 비금전적 보상방안 고려

:: 표9 A급인재 관리의 개요(예시)

을 체계적으로 적용해야 한다. 이를 위해 조직은 인재의 채용부터 퇴직까지의 경력관리에 대한 청사진을 확립하고 전사적 차원의 인재관리 체제를 마련해야 한다.

뽑았으면
놓치지
마라

　대부분의 국내기업들이 A급인재 확보에 지대한 관심을 보이고 있지만, 연공서열의 보수적 조직문화에 부딪혀 A급인재를 제대로 확보하지 못하거나 확보해놓고도 유지하지 못하는 기업들이 많다. A급인재를 유지하기 위해서는 이러한 구시대적인 조직문화를 개선하는 것이 급선무다.

　삼성, 현대, LG 등 굴지의 국내 대기업들도 창업 초기에는 확보해놓은 A급인재들을 유지하지 못하고 대거 놓쳐버리는 실수를 범하기도 했다. 획일적인 인사제도와 보수적인 조직문화에 반발한 A급인재들이 줄지어 퇴사한 것이다. 이들 기업은 최근 들어 그런 문제를 해결하기 위해 기존의 제도와 규정을 과감히 바꾸며 조직문화의 변화를 꾀하고 있다.

　A급인재를 확보했다고 안심해서는 안 된다. 우수한 인재들이니 스스

로 알아서 성과를 창출할 것이라 생각하고 관리를 소홀히 한다면 그들은 의욕을 잃고 다른 조직을 찾아 떠나갈지도 모른다. 따라서 조직은 공들여 확보한 A급인재들이 실제로 조직의 성과와 발전에 기여할 수 있도록 그들에 대한 관리를 게을리하지 말아야 한다.

확보보다 유지를 우선으로 하라

삼성그룹의 채용부서장으로 근무하던 어느 날, 필자는 해외의 우수한 인재 50명을 확보하라는 특명을 받았다. 그래서 미국의 아이비리그부터 시작해 선진국의 각종 유명대학과 초일류기업들을 샅샅이 뒤져 총 48명의 인재들을 모았다.

그러고 나서 필자는 관계사에 3년 동안 나가 있었다. 그런데 오랜만에 회사에 돌아와 보니 어처구니없는 일이 벌어져 있었다. 그렇게 힘들게 뽑아 놓은 인재들이 단 3명만 남고 모두 떠나버린 것이었다.

최근 들어 선진기업들 사이에서도 비슷한 문제가 발생하고 있다. 어렵게 확보한 A급인재들을 금융위기를 맞으면서 놓쳐버리거나 경쟁사에 빼앗기는 일이 잦아졌다. 이러한 경향은 1990년대 후반 이후 더욱 두드러지게 나타났다.

경영환경이 변함에 따라 인재들의 직장관도 함께 변화한 것이 이런 현상의 근본적인 원인이다. 이에 따라 인재들 사이에 전문가로서 개인의 능력을 향상시키고자 하는 욕구와 개인생활의 자유로움을 추구하려는 욕구가 커졌다. 많은 기업들이 인재들의 이러한 욕구변화에 제대로 대응하지 못하거나 대처를 소홀히 함으로써 A급인재들의 유출을 부추겨왔다.

A급인재의 이직 목적에 대한 삼성경제연구소의 조사결과에 따르면, A급인재들이 이직을 결심하는 주요 원인은 전문가로의 성장, 새로운 일에 대한 도전, 더 높은 연봉, 개인생활의 확보 등이다.

우수한 인재를 뽑았다고 해서 A급인재 관리가 끝나는 건 아니다. 그들이 자신의 역량을 최대한으로 발휘하여 기업의 성과와 발전에 기여하도록 독려하는 '유지 전략'이 확보보다 훨씬 중요하다.

과거에는 A급인재가 기업을 떠나더라도 내부의 시스템을 이용해 시장변화에 대응하기가 수월했지만, 지금은 2, 3년 후의 환경변화도 예측하기 힘들 정도로 시장이 급변하고 있어 단 한 명의 인재가 아쉬운 상황이다. 특히 규모가 작은 중소기업의 경우, A급인재가 한 명만 빠져나가도 당장 그를 대체할 사람이 없어 업무에 공백이 발생할 수 있다. 이는 기업으로서 커다란 손실이 아닐 수 없다.

또, 핵심인력을 다시 확보하는 데에는 매우 큰 비용이 소요된다. 게다가 A급인재가 다른 기업으로 이직하면 중요정보와 기술이 유출되어 기업이 막대한 피해를 입는 경우도 생긴다. 특히 소수의 A급인재들이 기술력과 정보를 점유하는 중소기업의 경우, 한 명의 핵심인력만 기업을 떠나도 기업의 생존은 크게 위태로워진다.

1. 경력을 개발하고 비전을 실현하기 위해
2. 새로운 일에 도전하기 위해
3. 보다 높은 임금을 받고 인정받을 수 있는 기회를 얻기 위해
4. 조직 업무와 개인생활을 조화시키기 위해
5. 유연한 조직문화 속에서 근무하기 위해

:: 표10 A급인재가 이직하는 이유   출처 : 삼성경제연구소(2001)

핵심인력의 이직은 남은 인재들의 사기도 함께 떨어뜨린다. 능력 좋은 A급인재가 더 좋은 조건을 제시하는 곳으로 이직하면 남은 인재들도 동요되어 같은 생각을 하게 될 것이고, 결국 수많은 인재들이 줄줄이 기업을 떠나버리는 사태까지 발생할 수 있다.

이처럼 격변하는 21세기를 살아가는 조직에는 A급인재 한 명 한 명이 소중한 존재다. 공들여 뽑아놓은 A급인재를 소홀히 대하는 조직 앞에 순탄한 미래는 오지 않는다.

근무여건 개선이 최우선이다

A급인재로 하여금 조직에 적응하고 좋은 성과를 내도록 하려면 각종 교육이나 경력개발과 같은 성장 기회를 부여하는 것도 좋고 높은 임금을 지급하는 것도 좋지만, 그보다 먼저 이루어져야 할 것은 바로 근무여건 개선이다. 아무리 많은 보수를 지급하고 질 높은 교육훈련을 제공한다고 해도, 근무여건 때문에 업무수행이 방해받는다면 제대로 된 성과를 기대하기는 힘들다.

근무여건을 효과적으로 개선하기 위해서는 다음과 같은 네 가지 사항이 고려되어야 한다.

첫째, 업무수행의 자율성을 보장하고 새로운 업무를 추진할 기회를 제공해야 한다. A급인재가 자신의 능력을 제대로 발휘하려면 기존의 규정이나 고정관념에서 벗어나 독창적 사고를 펼칠만한 환경이 조성되어야한다. 업무수행의 자율성을 보장받지 못하면 아무리 뛰어난 인재도 제한된 능력밖에는 발휘할 수 없다. 또한, 각각의 A급인재가 자신이 가장 잘할 수 있는 업무를 담당하면 더 높은 능력도 발휘되고, 더 좋은 성과도 낼 수 있다. A급인재 각자가 그런 업무를 찾도록 돕는 일은 다름 아닌 조직의 몫이다.

둘째, 중대한 의사결정에 A급인재를 참여시켜야 한다. 중대한 결정에서 제외되고 지정된 업무만 수행해야 한다면 그들은 얼마 지나지 않아 업무에 흥미를 잃고 말 것이다. 또, 자신의 능력이 무시당하고 있다는 생각에 조직을 떠나버릴지도 모른다. 그러므로 조직은 A급인재가 상사나 경영자와 자주 대화할 수 있도록 세심한 배려를 아끼지 말아야 한다.

셋째, 서로 존중하는 분위기가 조성되도록 힘써야 한다. 구성원들이 서로를 존중하지 않는다면 외부에서 아무리 우수한 인재가 들어오더라도 능력을 인정하지 않고 텃세만 부리기 쉽다. 그런 일이 반복되면 조직이 힘들게 들여온 A급인재는 다시 조직을 떠나고 말 것이다. 건전한 조직문화를 조성하려면 경영자가 먼저 구성원들을 신뢰하고 존중해주는 솔선수범의 자세를 보여야 한다.

넷째, 젊은 사람들에게 민감하고도 중요한 문제인 근무시간과 공간에 대한 개선이 필요하다. 조직 업무와 개인생활의 조화를 이루고자 하는 A급인재의 욕구를 충족시키려면 출퇴근 시간을 탄력적으로 운영하는 등의 조치를 취해야 한다. 또한 A급인재에게 자신만의 업무공간을 제공해

준다면 업무수행의 자율성이 보장되어 보다 창의적이고 혁신적인 성취를
이끌어낼 수 있을 것이다.

그 많던 구글 인재들은 다 어디로 갔을까?

2010년 말, 〈뉴욕 타임스〉는 '구글Google의 덩치가 커지자 내부적으로
관료주의가 심해졌고, 이에 염증을 느낀 A급인재들이 짐을 꾸리고 있
다'라는 내용의 기사를 보도했다. 한때 실리콘밸리의 인재들을 거침없
이 빨아들여 '인재 블랙홀'이라고까지 불렸던 구글이 새내기 IT기업 페
이스북Facebook에 압도당하는 모양새다.

삼성경제연구소가 2011년 1월 발표한 '구글과 페이스북의 인재전쟁'이
라는 보고서에 따르면, 현재 페이스북의 전체 인력(2,000명) 중 7%가
구글 출신이다. 그중에는 세계적인 광고 플랫폼 구글 애드센스, 모바일
플랫폼 안드로이드, 지도 서비스 구글 맵의 개발자 등 구글의 최고 핵
심인력이 대거 포함되어 있다.

위기를 절감한 구글은 인재 유출을 막기 위해 대대적인 돈다발 공세에
나섰다. 올해부터 전 세계 2만여 직원의 연봉을 10%이상 인상하고 휴
가를 가는 직원에게는 1,000달러(약 110만 원) 상당의 현금 또한 보너
스로 지급하기로 결정했다. 그리고 한발 더 나아가 10년 만에 최고경영
자 교체를 단행하기도 했다.

혁신의 대명사인 구글의 인재들이 직장을 옮기는 것은 좀 더 자유롭고
창의적인 조직에서 일하기를 원하기 때문이라는 분석이 지배적이다. 실

제로 페이스북은 프로젝트의 모든 일정을 제품 개발자가 직접 결정한다. 중요한 결정은 임원들에게 맡겨지는 구글에 비해 훨씬 자유로운 분위기다.

아이디어 제안 프로그램인 '해카톤Hackathon'은 페이스북의 이런 자유로운 분위기를 생생하게 보여준다. '해카톤'은 '해킹'과 '마라톤'의 합성어로, 여러 사람들이 모여서 하나의 프로젝트를 수행하는 방식이라 해서 만들어진 신조어다. 해카톤은 페이스북의 '밤샘 파티'라 할 수 있다. 누군가 '해카톤 하자'고 제안하면 직원들이 자유롭게 모여 넓은 홀에서 간식을 먹으며 밤새 아이디어를 나누거나 프로그램을 만든다. 이렇게 만들어진 프로그램 중 우수한 것은 곧바로 상품화를 진행한다. 그래서인지 해카톤이 끝난 다음 날은 일을 쉬도록 하고 있지만, 많은 직원들이 자신이 만든 프로그램을 자랑하기 위해 밤을 꼬박 새우고 나서도 다시 출근하는 열정을 보여준다.

이것이 많은 젊은이들이 페이스북을 '꿈의 직장'이라 부르는 이유다.

구글과 페이스북 중 한 곳을 선택하라면 당신은 어느 쪽을 선택하겠는가?

제대로 평가하고 체계적으로 키워라

효과적인 인재관리 제도를 구축하고 A급인재를 지속적으로 양성하기 위해서는 전문가로 성장하고자 하는 A급인재의 욕구를 충족시켜야 한다. 그러기 위해서는 다양한 교육훈련을 제공하고 새로운 업무를 부여하는 것이 중요하다. 그 한 예로 경력개발의 체계적인 시행을 들 수 있다.

과거에는 경력개발이라고 하면 구성원이 조직이 제시하는 성장 경로를 따라가는 것을 의미했다. 하지만 직장보다 직업이 더 중요한 의미를 갖고, 노동시장의 유연성이 점차 증가함에 따라 경력개발은 개인과 회사의 비전을 일치시키는 도구로 의미가 전환되었다.

A급인재는 조직이 집중적으로 관리하고 육성하는 인재들이므로 이미 그 능력은 검증되었다고 해도 무방하다. 하지만 경력개발을 체계적으로 수행하기 위해서는 전문기관의 연수나 해외유학 등을 통해 그들의 역량과 성과를 계속해서 평가하고 판단해야 한다.

성장경로의 전체적인 틀이 잡혔다고 하더라도 세부적으로 원하는 직무는 각자 다를 수 있으므로 본인의 희망직무에 대한 검토 또한 이루어져야 한다. 이러한 제반 요건들이 만족되어야 A급인재의 체계적인 관리기준을 마련할 수 있다.

합리적인 평가제도 또한 A급인재 양성에 있어 빠질 수 없는 중요한 요소다. 이는 공정한 기준을 통해 성과에 따른 합당한 보상을 보장함으로써 A급인재에게 동기를 부여하고 이직을 방지하는 좋은 방법이다. 여기서 '공정한 기준'이라는 대목이 특히 중요한데, 이는 보상이 객관적이고 공정한 룰에 의해서 이루어져야만 조직 내의 불협화음이 사라지고 오해와 갈등이 차단되기 때문이다. 평가제도의 공정성은 조직의 장기적인 경쟁력을 좌우하는 가장 핵심적인 요소 중 하나다.

돈만 얹어주는 건 제대로 된 보상이 아니다

충분한 능력이 발휘될만한 여건을 조성하고 성과와 역량에 따른 정당한 보상을 보장하는 조직만이 A급인재를 계속해서 붙잡을 수 있다는 건

두말할 필요도 없다. 하지만 '정당한' 보상이 무엇인지 제대로 알고 있는 경영자는 아직 별로 없는 것 같다. 수치로 환산된 실적에 비례하여 인센티브를 지급하는 것만으로는 부족하다. A급인재에 대한 보상 기준을 정할 때에는 그 외에 여러 가지 측면이 고려되어야 한다.

예를 들면, 성과급은 담당직무의 시장가치와 개인의 성과를 기준으로 지급하는 것이 좋다. 단순히 실적에만 의존해서 지급해도 안 되고, 담당직무가 조직의 이익에 끼치는 영향을 무시해도 안 된다.

1990년대 이후 국내의 많은 조직들이 연봉제를 도입하기 시작했고, 능력과 성과에 따른 보상 체계와 기준은 갈수록 강화되는 추세다. A급인재를 중요한 자산으로 인식하고 육성, 관리하는 여러 기업들이 이제는 단순한 연봉제를 넘어 인센티브, 스톡옵션, 복리후생 등 다양한 금전적·비금전적 보상 제도를 전폭적으로 시행하고 있다.

연봉제	개인의 성과에 근거하여 차등적으로 지급
인센티브	역량과 성과를 측정하여 차등적으로 지급
상여금	잔류 보너스, A급인재 추천수당 등
ESOP (우리사주신탁제도)	자사의 주식을 시가보다 낮게 매입할 수 있도록 지원
스톡옵션	옵션에 의해 자사의 주식을 배당
복리후생	연수비, 체력단련비, 차량유지비 등
연금보험	회사가 지원하는 퇴직연금 등

:: 표11 A급인재에 대한 다양한 보상 형태

A급인재를
유지하기 위해
조직이 해야 할 일

경영자의 관심과 지원이 가장 중요하다

A급인재를 확보하고 유지하기 위해 가장 중요한 것은 다른 누구도 아닌 경영자의 아낌없는 관심과 지원이다. 대부분의 경우 경영자의 판단이 조직의 행동방침을 결정하기 때문이다. 조직의 입장에서 A급인재 확보는 중장기적인 투자활동이다. 그러므로 경영자는 A급인재를 조직의 귀중한 자산으로 여기고 지속적으로 관심을 갖고 배려해야 한다. 그들에 대한 강한 애착을 가지고 근무환경 개선이나 제도상의 편의 등 각종 편익을 제공해야 하며, 공정하고 투명한 조직문화를 조성하기 위한 노력을 늦추지 말아야 한다.

인사부서는 합리적인 인사제도를 구축해야 한다

조직 구성원들이 인사부서에 가장 기대하는 것은 역량과 성과를 기준으로 한 합리적인 인사제도 구축이다. 그런 공정한 제도를 구축하기 위해서는 A급인재뿐 아니라 구성원 전체에게 적용 가능한 인사제도의 비전vision을 먼저 수립해야 한다. 그래야 투명하고 공정한 인사제도가 마련된다. A급인재의 모습을 담은 A급인재상, 조직이 필요로 하는 인재의 모습을 담은 인재상 등을 정립하는 것도 인사제도의 비전을 수립하는 좋은 방법이다.

외부 관련조직과의 네트워크를 구축하는 것 또한 필수적이다. 자기 제도 안에서만 머무르는 조직은 경쟁에서 금세 도태되어버리는 것이 21세기 초고도 자본주의사회의 현실이다. 따라서 다른 조직의 우수한 인사제

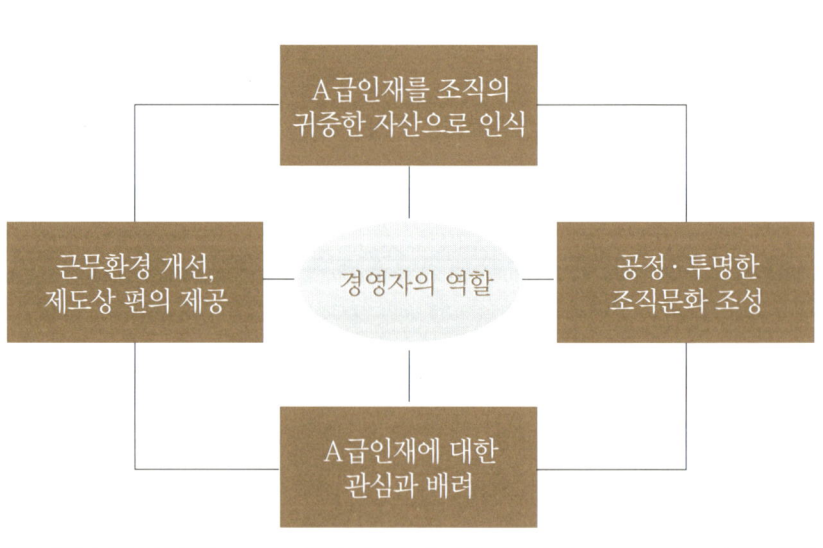

:: **표12 A급인재 유지를 위한 경영자의 역할**

도를 벤치마킹하고 관련정보를 공유하는 일은 결코 간과할 수 없는 중요한 사안이다. 그러한 벤치마킹과 정보공유를 위한 가장 효과적인 도구는 바로 조직 간에 구축된 네트워크다.

또한 인사제도의 비전, 개선점과 같은 정보를 모든 구성원과 공유하여 제도가 효과적으로 개선되도록 노력해야 한다. 그와 동시에 A급인재 개개인에게 초점을 맞춘 인사관리도 이루어져야 한다. 실제로 삼성전자의 경우 각 A급인재에게 맞는 멘토(지도자)를 지정해 1대1 형식으로 그들을 관리하고 있다.

인사부서도 조직의 핵심전략에 맞춰 인재를 관리하는 전략적인 부서로 탈바꿈해야 한다. 조직의 핵심가치를 실현하기 위해 능동적으로 생각하고 적극적으로 움직여야 하는 것이다. 다른 부서의 요구에 따라 사람을 모아서 공급하는 수동적이고 단순한 형태를 계속 답습한다면 그 인사부서는 자신의 존재가치를 스스로 훼손하는 것에 지나지 않는다.

구성원 자신의 노력이 뒷받침되어야 한다

아무리 좋은 제도적 장치가 마련되고 아무리 높은 보상이 주어지더라도 본인이 그에 상응하는 성과를 내지 못한다면 그림의 떡일 뿐이다. 노력은 제대로 하지 않으면서 수준 높은 혜택만 누릴 수는 없는 노릇이다. A급인재가 계속해서 A급인재로 남으려면 자기 자신의 노력이 가장 중요하다.

요즘 시대에는 '평생직장'이라는 개념은 희박해지고 '평생직업'이라는 개념이 점점 강해지고 있다. 이제 모든 인재들은 '직장인'이 아닌 '직업인'으로 변모해야 한다. 위에서 시키는 일만 적당히 처리하고 나서 '할 일 다 했다'고 뒷짐 지고 있지 말고, 항상 더 좋은 방법, 더 효과적인 해결책을 찾기 위해 집요하게 파고들어야 한다. 남는 시간에는 자신의 역량을 향상시키기 위한 자기계발을 게을리하지 말아야 한다.

환경이 급변하고 조직은 성장해가는데 자신의 역량은 그대로라면 그 사람은 제자리걸음이 아니라 퇴보하고 있는 것이다. 조직이 커질수록 A급인재로 남기 위한 조건은 더욱더 까다로워진다. '이 정도면 됐지'라는 생각으로 현재에 안주하려고 한다면 본전도 못 찾고 조직에서 쫓겨나는 수모를 당할지도 모른다.

모든 것은 열정의 문제다. 조직이 구성원 각자의 숨은 열정을 끌어낼 수는 있어도, 없는 열정을 대신 만들어줄 수는 없다. 더 좋은 제도를 만들고 더 좋은 환경을 조성하는 일은 결국 구성원 개개인의 노력이 뒷받침되어야 성공적으로 이루어지는 법이다.

조직의 백년대계, B급인재

왜 B급인재에
주목해야
하는가

　꿀벌이나 개미의 집단과 마찬가지로 모든 집단에는 A급인재와 B급인재, 그리고 C급인재가 공존한다. 그런데 많은 조직에서 구성원의 대다수를 차지하는 B급인재들에 대한 관리가 소홀하게 이루어지고 있다. A급인재들에게 관심이 집중되다 보니 그들이 관심 밖으로 밀려난 것이다.

　하지만 B급인재의 중요성을 간과하는 조직은 지속적인 성장을 기대하기 어렵다. 그들은 보이지 않는 곳에서 묵묵히 조직을 떠받치며 기초를 탄탄히 다지는 조직의 척추와도 같은 역할을 하기 때문이다. 조직의 미래를 장기적인 안목에서 바라보려면 다음과 같은 B급인재의 중요성을 짚고 넘어갈 필요가 있다.

첫째, 장기적이고 지속적인 조직성과는 B급인재들에 의해 창출된다. GE의 전 회장 잭 웰치는 "5%의 A급인재가 조직을 선도하는 것은 사실이지만, 조직의 대다수를 차지하는 B급인재 없이는 A급인재는 물론이고 조직 자체도 존속할 수 없다."라고 말한 바 있다.

수년 전 금융위기가 미국을 덮쳤을 때 그랬듯이, B급인재들은 위기가 닥쳐올 때에도 평소와 다름없이 지속적인 조직성과 창출에 큰 힘을 발휘한다. A급인재들은 조직이 위험에 처해도 다른 조직으로 몸을 옮기면 그만이지만, 그렇지 못한 B급인재들은 묵묵히 그 자리를 지키며 조직을 살리기 위해 최선을 다한다. 그래서 그들은 위기상황일수록 경영자들에게 더욱 큰 힘이 된다.

둘째, 조직이 이들의 역량과 성과를 제대로 인정하지 않으면 이들은 상대적 박탈감을 느끼고 위축되어 제 역량을 발휘하지 못한다. B급인재들은 주목받고 인정받는 A급인재들과 항상 비교되는 처지에 놓여 있어서, 자칫하면 불필요한 열등감에 젖어 C급인재로 전락할 가능성이 크다. 그렇게 된다면 조직 전체의 성과에도 돌이키기 힘든 깊은 상처가 남게 될 것이다.

셋째, 대부분의 A급인재는 B급인재에서 나온다. 영국 시인 바이런Byron의 이야기처럼 '어느 날 눈을 떠보니 갑자기 유명해져 있더라.' 같은 식의 A급인재 탄생은 있을 수 없다. 따라서 A급인재를 지속적으로 확보하고 유지하고 싶다면 조직 내부의 B급인재들에게 관심을 갖고 이들을 꾸준히 육성해야 한다.

　물론 외부에서 A급인재를 계속해서 끌어올 수도 있다. 하지만 그런 식으로는 비용 소모도, 에너지 소비도 너무 커서 아무리 튼튼한 조직이라도 얼마 못 가 진이 빠지기 십상이다. 또한 내부인재 육성에 소홀한 모습을 보이는 조직은 구성원들의 신뢰를 얻기 힘들다. 구성원들의 그런 불신은 조직 성장을 가로막는 가장 큰 걸림돌임에 분명하다.

　마지막으로, 최고급 인재들만으로는 조직을 제대로 이끌어갈 수 없다. 최고급 인재들만이 조직 내에 포진하고 있다면, 그 조직은 뭘 해보지도 못하고 좌초해버릴 공산이 크다. 사공이 많으면 배가 산으로 가듯이, 자존심이 센 그들은 서로 옥신각신하다가 결국 아무것도 못하는 지경에 이르게 될 것이다.

　세계 최고 수준의 선수들로만 구성되어 팬들로부터 '지구방위대'라는 별명까지 얻었던 스페인의 명문 축구팀 '레알 마드리드Real Madrid'도 결국 조직력 부족으로 세계 최고의 자리에서 물러나야 했다. 이처럼 조직의 중심을 튼튼하게 지탱해주는 B급인재들이 있어야 A급인재들도 힘을 받아 제 능력을 발휘할 수 있다.

- 조직 구성원의 상당부분을 차지(60~80%)
- 조직의 장기적 성장에 기여하며 조직의 기틀을 유지
- 조직이 위기에 처했을 때 특별한 저력을 발휘
- 높은 인성과 강한 충성심이 장점
- 조직이 안정적으로 성장하고 장수하기 위해 필수적인 존재

::표13 B급인재, 이래서 중요하다

이와 같이, 어느 조직에든 B급인재들은 없어서는 안 될 존재다. A급인재의 업무기여도가 절대적으로 높은 연구개발 직군도 마찬가지다. A급인재의 능력을 뒷받침해줄 B급인재들이 제 몫을 하지 못하면 아무리 뛰어난 인재라도 자신의 능력을 100% 발휘할 수 없다.

하버드 경영대 교수 토머스 들롱Thomas J. Delong은 〈하버드 비즈니스 리뷰Harvard Business Review〉에 기고한 'B급에게 박수를'이라는 글에서 "회사 인력의 60~80%를 차지하는 B급인재들이 결국 기업의 성패를 좌우한다."라고 지적했다. 이에 따라 미국에서도 B급인재들을 바라보는 시각이 변화되었고, 오래전에 사라졌던 근속승진 제도를 되살리는 기업들도 나타났다.

미래의 하이퍼포머,
장기적 관점에서
투자하라

　조직의 성공은 평범한 B급인재들이 조직 내에 얼마나 견고하게 자리 잡는가에 좌우된다고 해도 과언이 아니다. B급인재들은 근무연수가 길어 충성심이 높고 경험도 풍부하다. 그리고 이들에게는 A급인재와 별다를 것 없을 정도로 높은 역량이 잠재되어 있다. 따라서 이들을 교육하고 육성했을 때 나타나는 효과는 A급인재나 C급인재들에 비해 매우 높다.

　여기서 B급인재들의 특성을 잠깐 살펴보자. 그들은 A급인재들만큼 돋보이는 성과는 아니더라도 꾸준히 일정한 성과를 내고, 개인보다 조직의 성공에 관심이 많다는 등의 특성을 갖는다. 그들이 가진 주요 특성을 정리하면 다음과 같다.

1. 개인보다 조직의 성과를 중시한다.

2. 장기적으로 꾸준한 성과를 창출한다.

3. 조직 업무와 개인생활의 균형을 추구한다.

4. 경영자의 충실한 파트너 역할을 한다.

5. 조직에 대한 충성심이 높아 한 직장에서 오래 근무한다.

A급인재들의 능력은 조직의 단기성과에는 커다란 영향을 미친다. 하지만 10년, 100년을 바라보고 지속적으로 성장하려면 A급인재에 의존한 단기적 성과에 만족해서는 안 된다. 어느 날 하늘에서 뚝 떨어진 거창한 전략이나 기발한 아이디어 하나로 조직이 대성하는 경우는 극히 드물다. 오히려 실패하는 많은 조직들을 가만히 들여다보면 대부분 크든 작든 아이디어를 제대로 상품화하고 서비스로 구현하지 못한 것이 실패의 원인이다. 여기서 중요한 것은, 그런 '실천'을 제대로 해내는 주인공은 A급인재도, C급인재도 아닌 B급인재라는 점이다.

B급인재가 A급인재보다 못난 사람이라는 인식은 편견에 불과하다. A급인재들이 언제까지고 조직을 먹여 살려줄 수는 없다. 경영환경이 어려워지거나 조직이 위기를 맞았을 때는 B급인재의 힘이 절대적으로 중요하다. 따라서 조직은 이들에게 충분히 관심을 쏟아야 할 의무가 있다.

A급인재들은 높은 수준의 기술력과 전문성을 갖추고 있지만, 그럼에도 간혹 성과를 제대로 내지 못할 때가 있다. 그러나 혼자 일하는 습관을 버리고 함께 일하는 방법을 배워나간다면 한 단계 성장하는 계기를 마련할 수 있다.

B급인재들은 이들보다는 조금 떨어지지만 무시할 수 없을 정도의 기술력과 전문성을 갖추고 있으며, 오랫동안 근무하면서 조직의 업무 프로세스 또한 훤히 꿰뚫고 있다. 세계적 경영지 〈비즈니스위크Business Week〉는 '기업이 B급인재들을 육성하려면 그들과 A급인재들의 차이점을 이해해야 한다. 그들이 업무에 있어 어떤 능력을 보완하고 싶어 하는지 확인해 그에 맞는 적절한 멘토를 지정해줘야 한다'라고 조언했다.

또한 조직은 그들에게 성과를 낼 시간적 여유를 마련해줘야 한다. B급인재들이 지금 당장 높은 성과를 내지 못한다고 해서 단기성과에 눈이 멀어 수시로 외부인재를 들여온다면 당장의 업무공백은 채울 수 있을지 몰라도 내부인력은 전혀 키울 수 없다. 그러면 B급인재들에게 잠재된 높은 역량은 자기 안에 갇혀 언제까지고 발휘되지 못할 것이다.

B급인재는 A급인재 못지않게 중요한 조직의 기둥이다. 지속가능한 성장을 이루기 위해서는 묵묵히 자리를 지키며 소임을 다하는 가장 보통의 인재들, 즉 B급인재들의 잠재된 능력을 끌어내는 노력이 필요하다.

B급인재
스타 만들기
4대 원칙

　B급인재들은 그 수가 매우 많기 때문에 개인별로 관리방안을 강구하기보다는 좀 더 넓은 범위의 제도적 장치를 고안하는 데 비중을 두는 것이 좋다. 그리고 이를 조직문화 안에 정착시키기 위한 방안 또한 고심할 필요가 있다. B급인재들도 다음과 같은 방법으로 A급인재 못지않게 세심히, 그리고 지속적으로 관리해주어야 한다.

1. 소속감을 높이고 조직이 나아갈 방향과 비전을 심어주라

　B급인재들은 충성심과 소속감은 강하지만 조직을 혁신하는 데에는 매우 소극적이다. 따라서 그들을 좀 더 효율적으로 일하게 하려면 그들이 믿고 따를 수 있는 비전, 그리고 그 비전에 따른 구체적인 목표를 제시해

주는 것이 좋다. 조직 전체가 나아갈 방향을 잡고 구성원들의 공감을 유도한다면 누구보다도 충성심이 강한 그들은 묵묵히, 그러나 열성적으로 그 길을 따라갈 것이다.

그러나 그들의 의견을 무시하거나 그들의 생각과 동떨어진 비전을 강요할 경우, 그들의 충성심은 급격히 추락한다. 그래서 조직의 비전을 세우는 데에는 B급인재들의 참여가 매우 중요하다.

또한 그들이 걱정 없이 업무에 몰두할 수 있도록 장기근무를 보장한다면 그들의 충성심은 더욱 높아지고, 그들은 조직의 비전을 실현하기 위해 더욱 성실하게, 좀 더 주도적으로 일하게 된다.

2. 지속적인 교육훈련은 필수

어쩌면 당연한 얘기일지도 모르지만, B급인재들에게 잠재된 역량을 끌어내려면 지속적인 교육훈련은 필수다. 아직 거칠고 정제되지 않은 그들의 능력은 방금 막 광산에서 캐낸 원석과 같다. 원석은 잘 다듬으면 아름답고 값비싼 보석이 되지만, 그렇지 않으면 길가에 굴러다니는 돌덩어리와 다를 바 없다. 교육된 인재와 그렇지 않은 인재의 능력은 이처럼 엄청난 차이를 보인다.

인재들의 전체적인 능력 수준이 다른 조직에 비해 뛰어나지 않은 조직도 지속적인 교육훈련을 통해 B급인재들의 잠재력을 최대한으로 끌어올리기 위해 노력한다면 다른 조직들을 제치고 경쟁에서 앞서 나갈 수 있을 것이다.

3. 스타가 될 수 있는 기회를 제공하라

앞서 대부분의 A급인재는 조직 내부의 B급인재에서 만들어진다고 설명했다. 그런데 조직이 이런 B급인재들의 성장에 한계선을 긋는다면 새로운 A급인재의 탄생은 먼 나라 이야기가 되어버린다. 더 이상 성장할 수 없다고 느낀 그들은 의욕을 상실하고 C급인재로 전락할 수도 있다. 따라서 조직은 도전적이고 매력적인 업무영역에 B급인재들을 배치하고 참여시켜 스타플레이어가 될 기회를 계속해서 제공해야 한다.

'인재 사관학교'라 불리는 세계적인 다국적 기업 P&G는 위에서 아래로 지시하는 '상의하달식(Top-down)' 경영방식을 채택하고 있다. 그러나 그와 동시에 직급을 불문한 모든 구성원들에게 도전적 업무와 권한을 부여하는 정책 또한 시행하고 있다. 이러한 정책 덕분에 직원들은 높은 책임감을 가지고 업무에 임하며, 따라서 모두가 스타급 인재가 될 가능성을 꿈꾸고 있다. 마이크로소프트Microsoft 사의 스티브 발머Steven Ballmer, GE의 제프리 이멜트Jeffrey Immelt, 3M의 제임스 맥너니James McNerney 등도 이런 혁신적 정책을 통해 P&G가 배출한 '스타급' CEO들이다. 이들은 P&G에서 이미 최고경영자로서 갖춰야 할 역량과 리더십을 습득, 체화할 수 있었다.

4. 비금전적 보상을 강화하라

대부분의 조직은 A급인재만을 승진시키려고 한다. 따라서 B급인재들에겐 승진의 기회가 좀처럼 돌아가지 않는다. 게다가 많은 B급인재들은 승진에 대한 욕구가 없는 것처럼 보이기도 한다. 그러나 그렇다고 해서 그들이 보상에 아주 둔감한 것은 아니다. 그들은 겉으로만 드러내지 않을 뿐, 속으로는 여러 가지 보상을 원하고 있다.

따라서 경영자는 B급인재들로 하여금 자신이 적절한 보상을 받고 있다고 피부로 느낄 수 있도록 다양한 방법을 강구해야 한다. 금전적인 보상이 모든 문제의 해답은 아니다. 돈만 조금 더 얹어준다고 해서 그들이 인정받는다고 느끼는 것은 아니다. 따라서 비금전적인 보상 방식 또한 다양하게 마련하는 것이 좋다.

A급인재의 경우, 고속 승진, 파격적 인센티브와 같은 높은 수준의 보상이 아니고서는 그들을 만족시키기 힘들다. 그중에서도 특히 최고급 인재들이 원하는 조건은 여간 까다로운 것이 아니다. 하지만 B급인재들은 그 정도로 큰 보상은 바라지 않는다. 그들은 자신의 역량을 스스로 잘 알기 때문에 A급인재와 같은 화려한 조건을 바라지는 않는다. 그러나 자신이 일구어낸 성과만큼은 인정받고 싶어 한다. 그들의 노고를 치하하는 짧은 편지, 혹은 진심어린 격려와 칭찬은 그들에게 열정을 불어넣고 동기를 부여하는 계기가 될 수 있다.

B급인재 역시 스타 선수

하버드 경영대학원의 토머스 들롱 교수는 B급 선수들 역시 스타급 선수들만큼 조직의 성공에 중요한 역할을 한다고 말한다. 그는 B급 선수들을 '핵심직원'으로 언급하면서 그들은 스타직원들만큼 똑똑하고 재능 있으며, 지식도 많은 경우가 대부분이라고 분석했다. 다만 이들이 스타

직원들과 다른 점은 상사의 관심을 끌려 할 가능성이 적고 묵묵히 주어진 일과 팀 동료들에게 열중한다는 것이다.

이들 B급 직원들은 스타직원들이 성과를 내는 데 중요한 역할을 한다. 축구에서 스트라이커가 골을 넣는 데 미드필더와 수비수의 역할이 결정적이듯, 모든 일에는 각자의 역할이 있다. 누구나 저마다의 특성과 적성으로 기여하는 부분이 다 다른 것이다.

그러나 많은 간부들은 성과와 밀접한 일을 하는 20퍼센트에게만 온갖 관심과 물질적인 지원을 아끼지 않는다. 이런 일이 계속되면 나머지 80퍼센트 직원들의 이탈감과 단절감은 점점 커지며 장기적으로 회사를 떠날 가능성이 커진다.

2010년 남아공 월드컵에서 2골을 넣어 일약 스타로 떠오른 선수는 수비수 이정수였다. 그는 그리스 전에서 7분 만에 골을 성공시켜 역대 월드컵 사상 최단시간 득점기록을 세우기도 했다. 이는 언제 어디서 날아올지 모르는 슈팅기회를 잡기 위해 연습을 게을리하지 않았기 때문에 가능한 일이었다.

마찬가지로 하루가 다르게 급변하는 트렌드 속에서 다음번에 누가 스타플레이어가 될지는 아무도 모른다. 이번 프로젝트에서 PT에 능한 직원이 스타가 됐다면 다음 프로젝트에서는 협력사와 끈끈한 파트너십을 일구는 데 능한 누군가가 인정받을 수 있다.

리더는 당장 성과를 내는 특정한 스타직원 한두 명에게 올인할 것이 아니라 공정한 원칙 속에서 각자의 장점을 최대한 이끌어내는 데 집중해야 한다.

내 주변의 중소기업 CEO들 중에는 소수의 핵심임원들에게 끌려다니는 사람이 적지 않다. 그들이 없으면 당장 큰일 날 것처럼 전전긍긍하고 웬만하면 그들이 하자는 대로 한다. 회사의 모든 정보와 실권을 소수 엘리트에게만 집중해놓았으니 당장 그들이 빠지면 회사가 안 돌아갈 지경이 된 것이다. 그런 상황에서 지속가능 경영이란 모래성 쌓기나 다름없다. 인재는 가도 회사는 남는다. 아무리 1만 명을 먹여 살리는 천재라 할지라도 그가 빠진다고 해서 무너질 조직이라면 제대로 된 기업이라 할 수 없다. 리더는 이를 항상 기억해야 한다.

모든 직원들은 스타플레이어다.

— 이혁병, 《플레잉 경영》(21세기북스) 중에서

키울 것인가
내보낼 것인가,
C급인재

파레토 법칙과
C급인재

경제학에는 '파레토 법칙', 또는 '80 대 20의 법칙'이라는 것이 있다. 전체 원인의 20%가 결과의 80%를 만들어낸다는 얘기다. 이는 사회의 소득분배에도 적용할 수 있고, 마케팅 등의 다른 여러 분야에도 적용할 수 있는 원리다. 물론 이 법칙은 조직을 경영하는 데에도 적용이 가능하다. 상위 20%의 구성원들이 변화하면 나머지 80%의 구성원들은 자연스레 변화한다. 이러한 원리를 잘 이용하면 조직을 좀 더 효율적으로 운영할 수 있다.

파레토 법칙에 의하면, 모든 조직은 상위 20%의 '가연성 집단'과 하위 80%의 '난연성 집단'으로 나뉜다. 가연성 집단은 약간의 동기부여만으로도 열정으로 활활 타오르는 집단을 의미하는 데 비해 난연성 집단은 아무리 독려해도 미적지근한 반응만 보이는 집단을 의미한다.

그런데 그런 소수의 가연성 집단 안에도 '휘발성 집단'이라고 하는 또 다른 집단이 존재한다. 이는 따로 동기를 부여하지 않아도 자발적으로 뜨거운 열정에 휩싸이는 집단으로서, A급인재 집단으로 분류되는 가연성 집단 안에서도 최고의 인재들만을 모은 '핵심 중의 핵심 집단'이다. 삼성 이건희 회장이 오늘의 삼성을 만든 '삼성 신경영' 전략을 시작하면서, 각 계열사마다 전 직원의 5%에 해당하는 A급인재 집단을 구성해 집중적으로 교육하고 사업의 최전선에 배치한 것도 이와 같은 맥락이다.

하지만 파레토 법칙이 모든 조직에 적용되는 것은 아니다. 경우에 따라서는 '역逆 파레토 법칙'이 조직을 지배하기도 한다. 이는 하위 80%의 구성원들이 상위 20%의 구성원들보다 훨씬 큰 영향력을 행사하는 경우를 말한다.

조직의 하위 80%를 차지하는 난연성 조직의 가장 아래쪽에는 무슨 수를 써도 불이 붙지 않는 '불연성 집단'이 존재한다. 하위 20%의 C급인재들로 구성된 집단이 바로 그것이다. 이런 불연성 집단이 조직의 분위기를 지배한다면 그 조직은 계속해서 침체될 수밖에 없다.

조직이 성장하고 발전하기 위해서는 변화를 주도하는 가연성 집단, 그 중에서도 특히 휘발성 집단이 먼저 불붙을 수 있도록 해야 한다. 그리고 거기서 멈추지 말고 하위 20%의 난연성 집단에도 불이 붙을 수 있도록 그들을 이끌어 가야 한다. 상위 20%의 A급인재들이 아무리 좋은 성과를 낸다 하더라도 하위 20%의 C급인재들이 제대로 관리되지 못하면 그 조직은 지속가능한 성장을 이룰 수 없다.

이러한 불연성 집단을 제대로 통제하지 못해 역사적 개혁을 송두리째 망치고 만 비운의 주인공들이 있었으니, 그들은 바로 송나라의 개혁 정치가 왕안석(1021~1086)과 조선 중기의 문신 조광조(1482~1519)다.

앞서 설명한 개미나 꿀벌의 사례에서처럼 하위 20%의 C급인재 집단은 어느 조직에나 존재한다. 놀고먹으며 자기 밥값을 제대로 하지 못하는 무임승차자 '프리라이더free rider'들은 어디에나 존재하게 마련이다. '패러사이트 미들parasite middle'은 기생충을 뜻하는 'Parasite'와 중간 관리자를 뜻하는 'Middle'의 합성어로, 마땅히 해야 하는 의사결정도 제대로 하지 않고 수수방관하면서 흘러간 옛 이야기만 꺼내는 45세 이상의 중간 관리자를 지칭하는 말이다. 이들은 정보를 흘려도 아무 반응이 없고, 보고서를 제출해도 제대로 읽지 않는다. 자신이 해야 할 일을 아무렇지도 않게 부하에게 맡기고, 위에서 시키니 어쩔 수 없이 해야 한다며 책임을 회피하기 일쑤다.

파레토 법칙(Pareto Principle)

이탈리아의 경제학자 빌프레도 파레토Vilfredo Pareto의 이름을 딴 이 법칙은 '불균형의 원리', '80 대 20 법칙' 등으로 불리기도 한다. 상위 20%의 부자가 80%의 부를 소유하는 소득 불균형 현상을 설명하기 위해 만들어졌다.

전체 원인의 20%가 결과의 80%를 좌우하는 현상을 가리키는 이 법칙은 조직이나 조직성과의 원리를 설명할 때도 적용할 수 있다. 질적 경영이 중요하다는 사실을 강조하기 위해 인용되기도 한다.

당신 주변에도
혹시
이런 사람이?

 C급인재(Low-Performer)라는 개념은 인재관리 이론에서 파생된 말로, 이를 구분하기 위한 학문적인 기준이나 법적인 기준은 따로 정해지지 않았다. C급인재는 A급인재에 대비되는 개념으로, 성과와 역량이 매우 저조한 순수한 의미로서의 C급인재와 조직의 규율을 무시하고 부정적인 분위기를 조성하는 '근태불량자'인 C급인재로 다시 구분된다.

 성과관리 측면에서 C급인재를 정의하면, 자신이 내는 성과가 조직이 자신에게 요구하는 수준에 미치지 못하고 현재 자신이 가진 역량이나 장차 발휘 가능한 잠재적인 역량도 매우 저조한 구성원이라고 할 수 있다. 통상적으로 조직 내에서 하위 10%에 속하는 구성원들이 C급인재로 분류된다.

노동법 관련 저술을 살펴보면 '근로자의 근무상태가 그 근로자에게 요구되는 일정기준에 미치지 못하고 다른 근로자에 비해 현저히 낮으며, 사용자의 거듭되는 지시에도 불구하고 개선되지 않는 자' 혹은 '잦은 지각과 무단결근으로 노무제공 의무를 게을리하는 자'를 C급인재로 보는 견해도 있다.

불량제품은 기업에 경제적인 손해를 안겨줄 뿐 아니라 기업의 이미지까지 손상시킨다. 마찬가지로 C급인재나 불량직원도 조직에 유무형의 피해를 입힌다. 이들은 물귀신처럼 다른 구성원들의 사기까지 떨어뜨리고 팀워크를 무너뜨리며 조직의 분위기를 흔들어놓는다. 인사 담당 실무자들이 생각하는 C급인재, 혹은 불량직원의 대표적인 모습은 다음의 여섯 가지 유형으로 압축할 수 있다.

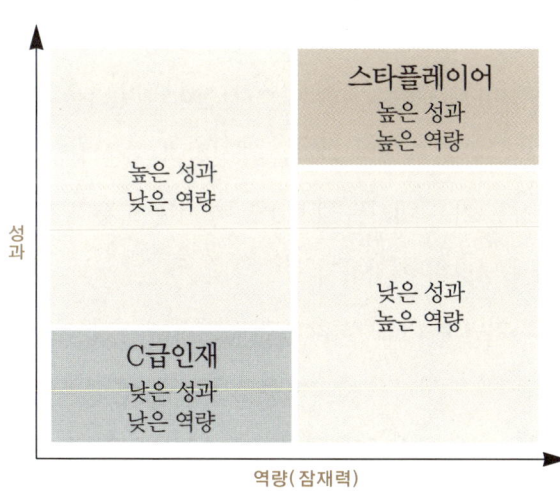

:: 표14 C급인재의 개념

1. 우리 회사는 이래서 안 된다니까! - 평론가형

모든 사람이 항상 100% 만족하는 이상적인 조직은 있을 수 없다. 누군가는 좋은 점이라고 생각하는 것이 누군가에겐 큰 불쾌함으로 느껴질 수도 있다. 그리고 조직 또한 사람이 만들어가는 것이기 때문에 어디서든 크고 작은 문제는 항상 발생하기 마련이다. 그런데 그런 사소한 불만 하나까지 놓치지 않고 집요하게 따지고 드는 사람들이 있다. 그들이 바로 평론가형 불량직원이다.

그들은 항상 좋은 점보다 나쁜 점을, 마음에 드는 것보다 마음에 안 드는 구석을 찾아내는 데 혈안이 되어 있다. 자기 스스로 행동하는 것은 없으면서 어딜 가나 불평불만에 여념이 없다. 이들이 가진 가장 큰 특징은, 정작 공개된 자리에서는 아무 말도 못하고 꿀 먹은 벙어리처럼 가만히 있다가 뒤에 가서는 신랄한 비평가로 변신한다는 점이다. 특히 술자리에만 가면 '그 놈은 그래서 안 돼', '우리 회사는 이래서 안 된다니까' 하는 식의 수위 높은 뒷담화도 아무렇지 않게 늘어놓는다.

물론 부당한 일이나 잘못된 일에 대해 건설적인 비판을 할 수는 있다. 그런 문제는 회의시간에 당당히 의견을 개진하여 해결하면 된다. 그러나 이들은 대개의 경우 기분 내키는 대로 아무데서나 꼬투리 잡기를 좋아하기 때문에 앞에서 당당히 얘기하지 못한다.

이들은 항상 자기만 손해 보지 않으려고 버티는 경향이 있고, 말은 많으나 정작 어려운 일이 생기면 슬그머니 꽁무니를 빼고 어디론가 사라지기 일쑤다. 제대로 하는 일은 없으면서 온갖 협잡과 모략을 일삼는 '사내 정치꾼'일 확률이 높다.

2. 어차피 세상은 혼자야 - 유아독존형

유아독존唯我獨尊이 무슨 말인지는 다들 알고 있을 것이다. 어딜 가든 이런 '유아독존'을 모토로 살아가는 사람들은 꼭 있다. 이들은 대개 업무 실적이 좋아 겉으로 봐서는 불량직원인지 알기 힘들다. 때로는 높은 실적을 인정받아 고속 승진하여 리더의 자리에 오르기도 한다.

하지만 내면을 들여다보면 남이야 어떻게 되든 나만 잘되면 된다는 식의 비뚤어진 마음을 발견할 수 있다. 그들은 '어차피 세상은 혼자 사는 거니까'라는 생각으로 동료를, 때로는 상사까지도 짓밟고 올라서는 기회주의적인 행동을 일삼는다. 게다가 타인을 배려하는 감성이 결핍되어 있는 경우가 많아 함께 일하는 구성원들의 감성까지도 피폐하게 만들어버리기 일쑤다.

이들은 자신의 성공을 위해서라면 어떤 행위도 마다하지 않는 성향이 있어서, 자기 마음에 드는 결과가 나올 때까지 동료나 부하들을 닦달하고 몰아세우기도 한다. 또, 자기보다 능력 좋은 사람을 만나면 굽실거리다가도 자기보다 못한 능력을 가진 사람을 만나면 금세 태도가 바뀌어 그 사람을 깔보는 모습도 보인다. 그렇게 그들은 조직의 팀워크를 망치고 다른 인재들이 조직을 떠나게 만드는 주범이 된다.

더 큰 문제는 이들은 기회만 닿으면 언제라도 조직의 규율을 깨고 심지어는 비리나 범법행위마저 저지를 준비가 되어 있다는 것이다. 이들은 자기 개인의 성과는 그럭저럭 괜찮을지 몰라도, 장기적으로 보면 조직에 커다란 손실을 끼치는 악질 불량직원이다.

3. 오늘만 대충 수습하자 – 좌충우돌형

매일 새벽같이 출근해서 한밤중이 되어서야 퇴근하는 박 부장. 하루하루가 너무 바빠 숨 돌릴 틈조차 없다. 바쁘다는 말을 항상 입에 달고 다니며, 근면성실로는 회사에서 그를 따라갈 사람이 없다. 하지만 자세히 들여다보면 제대로 되고 있는 일이 없다. 매번 성과를 따져봐도 해놓은 것이 하나도 없다.

이처럼 항상 뭔가 열심히 하긴 하는데 실은 아무것도 제대로 하는 것이 없는, 불필요한 일에 긴 시간을 허비하는 그들을 '좌충우돌형' 불량직원이라고 한다. 그들은 항상 무언가를 하고자 하는 욕구로 충만되어 있지만, 정작 '무엇을, 왜, 어떻게 해야 하는가' 하는 목적의식은 매우 희박하다. 자신이 어디로 가고 있는지, 어디로 가야 하는지를 제대로 모르기 때문에 금세 집중력을 잃고 산만해져 일의 핵심을 놓치는 경우가 부지기수다.

이들이 리더로 성장하게 된다면 부하들을 잘못된 방향으로 이끌어 자칫 조직이 좌초하는 결과를 낳을 수도 있다. 따라서 조직은 그들에게 비전을 심어주어 그들이 나아갈 방향을 확실히 인지시켜주어야 한다.

4. 몸은 회사에, 마음은 바깥에 – 임시정거장형

최근 들어 직장을 자신의 경력개발을 위해 잠시 거쳐가는 하나의 코스쯤으로 생각하는 구성원들이 점차 증가하는 추세다. 이들은 애당초 현재 몸담은 조직에서 마음이 떠난 이들이다. 그들은 더 편하고 전망 좋고 자신에게 잘 맞는 직장을 찾으면 언제라도 조직을 떠날 마음의 준비가 되어 있다.

외환위기 이후, 상시 구조조정 등으로 노동시장의 유연성이 높아지면서 얼마나 좋은 조건으로 이직하느냐를 개인 능력의 잣대로 삼는 사회적 분위기가 고조되었고, 그런 분위기가 이런 임시정거장형 직원들이 늘어나는 데 한몫하고 있다.

물론 떠날 때 떠나더라도 현재의 업무를 충실히 수행하여 조직에 보탬이 되려는 자세를 가진다면 조직에게도 자신에게도 이득이 되겠지만, 문제는 이들 대부분이 그렇게 하지 않는다는 점이다. 그들은 이미 조직에서 마음이 떠났다고 공공연히 말하고 다니며 다른 구성원들의 심리마저 동요시켜 조직 전체를 술렁이게 만들기도 한다.

5. 네 이웃의 성과를 탐하라 – 무임승차형

다른 사람들이 머리를 싸매고 열심히 일할 때는 보이지 않다가, 그들이 어떤 성과를 이뤄내면 그제야 슬며시 끼어들어 자기도 뭔가 해낸 것처럼 너스레를 떠는 그런 사람을 우리는 '묻어가는' 사람이라고 한다. '무임승차형' 불량직원은 그런 습관을 체질화한 사람을 일컫는 말이다. 자신의 부족한 능력을 감추기 위해 그런 행동을 하는 경우도 많지만, 악의적으로 그런 행위를 일삼는 경우도 종종 볼 수 있다. 좋은 평가는 받고 싶지만 힘들여 노력하기는 싫은 것이다.

가장 큰 문제가 되는 것은 조직이나 상사가 부하직원들이 이룬 업적을 마치 자기가 이룬 것처럼 기록하거나 선전하는 경우다. 직장인들이 가장 허탈하고 맥 빠지는 때는 '재주는 곰이 부리고 돈은 왕서방이 번다'는 중국 속담처럼 자기가 열성을 다해 이뤄놓은 성과를 동료나 상사가 가로챌

때라고 한다. 이런 무임승차형 불량직원이 리더가 된다면 부하직원들의 사기와 의욕은 꺾일 것이고, 따라서 많은 인재들이 조직을 떠나는 결과를 불러올 수도 있다.

6. 너도 한번 망해봐라 – 물귀신형

가장 적극적으로 나서는 유형이다. 이들은 자기 하는 일은 없이 남의 일에 사사건건 끼어들어 훼방 놓기를 즐긴다. 소화기를 들고 다니면서 열정으로 활활 타오르는 조직 분위기를 마치 화재진압하듯 꺼뜨리는 것이 이들의 특징이다.

그들은 다른 사람들이 내는 의견을 사소한 꼬투리를 잡아 따지고 들고, 갖가지 논리를 내세워 일의 진행을 방해한다. '되게 만드는 방법'은 생각하지 않고 항상 '안 되는 이유'만을 찾아내는 데 익숙하다. '될 법한' 일을 추진하려고 할 때조차 어디선가 '안 되는 이유'를 찾아내서 다른 이들을 김빠지게 만든다. 이런 아이디어를 내면 '이래서 안 되겠는데?'라고 하고, 저런 기획을 내면 '그건 그래서 안 돼'라며 포기를 종용한다.

물론 건전한 대안이 없는 비아냥거림은 무시하고 넘어가면 되지만, 이런 물귀신형 불량직원들의 부정적인 행위가 고쳐지지 않는다면 그들에게 동화되어 의욕을 잃는 구성원들이 점점 늘어날 것이다.

세상에 공짜는 없다

'공짜점심(free lunch)'이라는 말은 미국 서부개척시대에 술집에서 일정량 이상의 술을 마신 손님에게 제공한 무료 점심식사를 이르는 말이다. 그러나 언뜻 보기에 공짜일 것 같은 이 점심은 사실 공짜가 아니다. 공짜 밥을 먹으려면 그만큼 술을 많이 마셔야 하고, 그러면 그만큼 많은 술값을 내야 하기 때문이다. 공짜로 식사한다고 좋아할 일이 아니다. 어차피 술값을 치르지 않으면 공짜 식사도 없으니까. 세상에 공짜는 없는 법이다.

'세상에 공짜점심은 없다'라는 말을 많이 들어봤을 것이다. 이는 미국의 경제학자 밀턴 프리드먼Milton Friedman이 자주 사용하면서 널리 알려진 말이다. 그런데 이 말이 고대 중국에서 유래했다는 사실을 아는가? 이는 다음의 고사로부터 유래한다.

춘추전국시대 중국의 한 황제가 통치에 필요한 덕목을 건의할 것을 신하들에게 지시했다. 이에 분주해진 신하들은 수십 권의 책을 읽고 이를 몇 권의 책으로 정리하여 제출했으나, 황제는 '국정을 돌보느라 시간도 없고 만나야 할 사람도 많은데 나보고 그 많은 책을 어떻게 다 읽으라는 것이냐'라며 크게 화를 냈다. 고심 끝에 신하들은 마지막으로 한 편의 서신을 적어 황제에게 바쳤는데, 이를 펼쳐본 황제는 만면에 미소를 띠며 크게 만족했다. 전해지는 바에 의하면 그 서신에 적힌 것은 다름 아닌 '세상에 공짜점심은 없다'라는 말이었다고 한다.

일 못하는 데에는
다 이유가 있다

앞에서도 말했듯이 불량제품이나 품질 낮은 서비스를 제공하는 기업은 경제적으로 타격을 입을 뿐 아니라 이미지까지 실추되어 장기적인 고전을 면치 못한다. 이런 사태를 예방하기 위해 국내기업들은 품질경영에 각고의 노력을 기울이고 있다. 최근 들어 많은 기업들이 100만 개의 제품 가운데 단 3개의 불량만을 허용하는 '식스 시그마'라든가 불량률 제로(0)를 목표로 하는 '싱글 PPM 품질혁신' 등의 혁신적 경영방법 도입에 나섰다.

그러나 불량제품 발생 억제보다 더 중요한 것은 불량직원의 발생률을 낮추는 일이다. 사람은 제품과 달리 주변 사람들에게 영향을 미치기 쉬워 한 명의 불량직원이 수많은 동료직원들을 불량직원으로 만들 수도 있기 때문이다. 따라서 조직은 불량제품 발생을 걱정하기 전에 먼저 불량직원 발생을 예방하기 위한 대책부터 고민해야 한다.

그러기 위해서는 우선 불량직원, 즉 C급인재가 발생하는 원인을 찾아야 한다. 그 대표적인 원인으로 다음 다섯 가지를 꼽을 수 있다.

1. 부적절한 대인관계

C급인재가 발생하는 것은 실은 업무역량이 부족해서라기보다 대인관계가 좋지 않기 때문인 경우가 많다. 자신의 의견이 거절당할까봐 다른 이들과 논의하지 않고 독단적으로 일을 진행하거나, 싫은 소리를 들을까봐 보고를 제대로 하지 않는 것이 이러한 경우에 속한다. 이런 구성원은 다른 사람들과의 소통을 스스로 단절하고 혼자 힘으로 모든 문제를 해결하려고 하다가 일을 그르치곤 한다.

이는 개개인의 기본적인 성격의 문제일 수도 있고, 조직에 잘 적응하지 못해서 나타나는 부작용일 수도 있다. 어느 쪽이든 이런 문제로 인해 C급인재로 분류된 구성원에게 조직은 태도의 개선을 요구하는 강력한 경고의 메시지를 전달해야 한다. 또한 그 구성원의 잘못된 태도가 조직에 미치는 부정적인 영향이 무엇인지를 확실히 인지시켜야 한다.

2. 업무상의 과도한 스트레스

개인의 심리적 문제는 업무능력 못지않게 성과에 큰 영향을 미친다. 갖가지 심리적인 문제로 인해 업무에 제대로 몰입하지 못하는 사람들은 의외로 많다. 불안감, 우울증, 무기력증, 감정조절 장애 등이 그러한 심리적 증상에 해당한다.

이런 다양한 심리적 문제의 기저에는 업무 스트레스가 자리 잡고 있다. 적절한 수준의 스트레스는 몸과 마음에 활력을 불어넣어 업무의 효율성을 높여 주지만, 스트레스가 일정 수준을 넘어서면 정서적 불안감과 압박감을 유발하여 업무효율성을 급격히 떨어뜨리고 각종 분쟁까지도 일으키는 원인이 된다.

현대의 직장인들이 받는 업무 스트레스는 심각한 수준이다. 한국 직무 스트레스 학회가 최근 국내의 직장인들을 대상으로 조사한 바에 따르면, '업무 스트레스가 있다'고 답한 비율은 전체의 96%로 미국(40%)이나 일본(61%)에 비해 월등히 높았다.

스트레스를 받으면 신체는 코르티솔이라는 호르몬을 분비한다. 이 코르티솔은 혈관을 공격해 고혈압을 일으키고 근육통과 당뇨병을 유발한다. 또한 식욕을 자극해 비만의 원인이 되고 감각 기관을 예민하게 만들어 불면증과 불안 증세를 불러오기도 한다.

이 증세가 극도로 심해지면 우울증이나 무기력증과 같은 정신적 질환으로 발전할 확률이 높다. 요즘에는 의외로 심각한 정신질환을 앓고 있는 직장인들이 많다. 조직은 이런 문제를 갖고 있는 구성원들의 스트레스 요인이 무엇인지 적절한 임상검사를 통해 파악하고 이를 해결하기 위해 노력해야 한다.

선진국에서는 이러한 문제를 조직적 차원에서 해결하기 위한 '근로자 지원프로그램(EAP, Employee Assistance Program)'이 보편적으로 시행되고 있고, 최근 들어서는 많은 국내기업들도 이를 도입하여 시행하고 있다. 미국 경제대공황 시기에 근로자의 음주 문제를 상담하고 치료하기 위한 목적으로 출발한 이 프로그램은 이후 꾸준히 발전하여 기업 구성원들의 삶의 질을 높이는 복리후생 제도로 거듭났다. 이 제도는 근로자의 업무 스트레스를 경감하기 위해 상담부터 컨설팅, 코칭까지의 모든 과정을 종합적으로 지원한다. 기업은 이를 시행함으로써 업무 효율을 높이고 불필요한 분쟁을 막을 수 있으며, 결과적으로 기업 전체의 생산성을 제고할 수 있다.

우리나라에서는 1999년 듀퐁코리아Dupont Korea가 이를 처음으로 도입하였고, 이후 삼성, LG, 현대 등의 여러 대기업과 외국계 기업, 그리고 공기업들이 그 뒤를 이었다. 2009년에는 이 프로그램을 도입한 기업이 70여 개로 늘어났고, 현재 500여 개의 중소기업이 한국EAP협회로부터 공익형 무료 EAP 서비스를 제공받고 있다.

3. 조직과 개인의 가치관 충돌

가치관의 문제는 모든 사람이 살아가는 데 있어 가장 근본적인 문제다. 사람이 생각하고 느끼고 행동하는 모든 것은 가치관에서 비롯된다고 해도 과언이 아니다. 조직 내에서도 가치관에 관련된 문제는 얼마든지 발생할 수 있다. 특히 조직 전체가 추구하는 가치관과 구성원 개개인의 가치관이 조화를 이루지 못하고 충돌할 때 이런 문제는 크게 불거진다.

미국의 경영사상가 짐 콜린스Jim Collins는 자신의 저서 《좋은 기업을 넘어 위대한 기업으로》에서 조직의 가치관에 부합하지 않는 구성원을 가리켜

'적합하지 않은 인재'라고 말했다. 이들은 개개인의 능력은 출중할지 몰라도 조직의 목표에 반하는 행동을 일삼기 때문에 지지부진한 성과밖에는 내지 못한다. 이들은 종종 조직의 가치를 부정하고 자신의 개인적 가치만을 내세우며 구성원들의 팀워크를 무너뜨리곤 한다.

최근에는 구성원들이 조직에 쉽게 적응하지 못하고 사소한 문제에도 민감하게 대응하거나 심지어 조직을 떠나기까지 하는 사회적 현상이 심각하게 대두되고 있다. 이 또한 가치관의 대립에서 비롯되는 문제 중 하나다.

'미성숙 우울증'은 정식으로 사용되는 의학용어는 아니고, 일본 사회에서 이와 관련된 문제가 심각성을 띠면서 언론매체들이 자주 사용하는 신조어다. 일본 경제주간지 〈도요게이자이(東洋經濟)〉는 '미성숙 우울증을 보이는 사람들은 사회활동에는 전혀 어려움을 겪지 않지만, 업무와 관련된 스트레스에 대한 내성이 약해 일을 쉽게 그만둬버리는 특성을 보인다'라고 설명했다.

미성숙 우울증은 사회 초년생에 해당하는 20~30대의 젊은이들이 겪는 우울증의 하나로, 원하는 일을 하지 못하거나 강압적인 지시를 받으면 스트레스나 우울증을 호소하면서 조직을 떠나버리거나 그런 일을 미리 피하기 위해 아예 취업을 기피하는 증상을 가리킨다.

그들은 실패에 직면하면 그 원인을 항상 다른 사람들에게 돌린다. 자신이 조직에 적응하지 못한 것은 탓하지 않고 '왜 나만 갖고 그래'라며 조직을 탓하고 제도를 탓하기 바쁘다.

이제는 한국 직장인 사회에도 미성숙 우울증 신드롬이 퍼져나가고 있다. 채정호 가톨릭대 서울성모병원 정신과 교수는 "국내 20~30대 직장인은 단군 이래 경제적으로 가장 윤택한 시기를 보낸 세대로, 세상풍파를 경험하지 못해 스트레스를 극복하는 심리적 복원력이 취약하다."며 "요즘 신세대 직장인들은 조금만 힘들어도 회사 문을 뛰쳐나가기 일쑤이기 때문에 조직이나 상사들이 신경을 써야만 한다."라고 지적했다.

이들에게는 자신의 가치관에 잘 맞는 조직에 들어가는 것이 최선의 방법일지 모른다. 그러나 '자신에게 맞는 조직'을 찾기란 모래밭에서 바늘 찾는 것만큼이나 어려운 일이다. 또한 조직의 입장에서는 이들을 하차시키고 조직의 가치에 부합하는 인재들만으로 조직을 운영하는 편이 간단할 수도 있다. 그러나 이들을 무조건 퇴출하는 것도 능사는 아니다. 새로운 구성원들을 찾는 데에는 만만치 않은 비용이 소요될뿐더러 그때까지 업무의 공백도 감수해야 하기 때문이다. 따라서 조직이 추구하는 비전과 가치를 그들과 효과적으로 공유할 수 있는 방안을 찾는 것이 문제 해결의 단초가 되어야 한다.

4. 승진누락과 인사적체

과거에는 승진에서 누락되는 조직 구성원이 남은 후배들을 위해, 또는 남들의 시선을 의식해 조직을 떠나는 것이 자연스러운 풍경이었다. 최근 들어 이러한 미풍양속(?)에 변화의 바람이 일기 시작했다. 노동시장이 불안해짐에 따라 퇴직 후 새로운 직장을 구하기가 힘들어졌고, 섣불리

퇴직을 결심하는 직장인들도 줄어드는 추세다.

이처럼 승진되지 않고 남는 구성원이 증가함에 따라 조직 내의 인사적체가 사회적인 이슈로 떠오르고 있다. 같은 직급 내에서 승진 가능한 사람의 수는 한정되어 있는데 같은 직급을 가진 사람 수는 점점 늘고 있는 것이다. 이에 따라 모든 구성원들의 승진이 늦어지는 일이 빈번히 일어나고 있다.

인사적체가 일어나면 승진할 수 있을 만한 충분한 능력을 가진 구성원들이 오랫동안 승진하지 못해 사기와 의욕을 잃고 결국 C급인재로 전락할 공산이 크다. 이런 문제를 해결하고 인사의 흐름을 원활하게 하기 위해서는 이들을 다른 부서로 옮기거나 새로운 기획 개발팀 등을 구성하여 구성원들을 분산시키고 새로운 승진의 기회를 제공하는 등 효과적인 해결책이 제시되어야 한다.

5. 조직의 구조개편으로 인한 직무소멸

조직의 경영전략이 변화함에 따라 조직이 분리되거나 합병되고 특정 부서가 사라지는 등 구조적 개편이 일어나는 것은 자연스러운 일이다. 그러다 보면 일부 구성원들이 이미 수행하고 있던 직무 자체가 사라지는 경우가 생기기도 한다. 새로운 사업을 추진하기 위해 영입한 인재들이 그 사업 자체가 없어지거나 축소되는 바람에 오갈 데가 없어지는 황당한 경우도 종종 발생한다.

특히 타의 추종을 불허하는 발전 속도를 자랑하는 IT분야에서는 하루가 다르게 새로운 기술들이 쏟아져나오고 있고, 그에 따라 기존의 직무가 사라지고 새로운 직무가 생겨나는 일이 비일비재하다.

이렇게 본의 아니게 직무를 잃고 이제껏 접해본 적 없는 직무를 맡은 구성원들은 일시적으로 성과를 내지 못하고 C급인재로 분류될 가능성이 크다. 새로운 직무에 적응하는 데 시간이 걸리기도 하고, 또 적성에 맞지 않는 직무를 맡게 되면 의욕을 잃어버릴 수도 있기 때문이다. 물론 이들 중에는 역량이 절대적으로 부족한 진짜 C급인재들도 있을지 모르지만, 많은 경우 이들은 타의에 의해 일시적으로 성과를 내지 못하는 인재들이다.

조직이 그런 '일시적 C급인재'의 성과를 다시 끌어올리려면 그들이 새로운 직무에 잘 적응할 수 있도록 교육훈련을 강화하거나 그들을 희망하는 직무에 새로 배치하는 등의 방안을 강구해야 한다.

아웃사이더를 넘어서
조직의 발목을
붙잡는 그들

　조정은 팀원 간의 단합이 무엇보다도 중요한 스포츠다. 한 명이라도 노를 잘못 저으면 그 팀은 다른 팀에게 곧바로 추월당하고 만다. 조정경기에서는 이처럼 단 한 사람의 무능력이 팀 전체에 커다란 손실을 불러일으킬 수 있다.

　조직도 이와 마찬가지다. 조직마다 그 수는 다를지 몰라도, 조직의 발목을 잡는 이런 C급인재(불량직원)들은 어디에나 존재한다. 이들이 그대로 방치되면 구성원들의 사기는 떨어지고 소통도 단절된다. 그렇게 되면 조직문화가 문란해지고 조직이 큰 경제적 손실을 입을 수도 있다.

　이들이 미처 제대로 처리하지 못한 업무는 자연히 다른 구성원들에게 넘어가게 마련이다. 그러면 가뜩이나 자기 할 일도 많은데 남의 일까지 떠맡은 사람들은 불만을 가질 것이고, 업무의 효율성도 떨어져 무엇 하나 제대로 마무리되는 일이 없을 것이다.

이런 C급인재에 대한 평가와 관리가 제대로 이루어지지 않는다면 다른 구성원들, 특히 A급인재들의 불만은 계속해서 쌓여만 갈 것이다. 그러다 보면 직무만족도도 떨어지고, 최악의 경우엔 충성심과 신뢰감을 잃고 조직을 떠나버리는 일이 일어날 수도 있다. 일 잘하는 사람과 못하는 사람을 비슷하게 대우하는 곳에서 열심히 일할 이유가 없지 않은가?

이런 불량직원들이 조직의 발목을 잡지 못하도록 하기 위해서는 그들에 대한 평가와 관리가 필요하다. 이것이 제대로 이루어지지 않는다면 구성원들의 성과와 역량이 하향평준화하고 A급인재들이 빠져나가는 등 조직 내에 심각한 문제가 일어날 수 있다. 중간 관리자인 C급인재들이 제대로 관리되지 않으면 문제는 더욱 심각해진다. 이들은 부하직원들을 잘못된 길로 이끌어 지속적으로 C급인재를 양산하는 어처구니없는 결과를 종종 낳는다.

조금만 생각해보면 누구나 알 수 있는 사실이지만 국내에서 이를 제대로 실천에 옮기는 기업은 별로 없다. 여기에는 여러 가지 원인이 있지만, 그중에서도 가장 큰 것이 바로 '온정주의' 정서다. 아직도 많은 기업들이 여러 가지 핑계를 대면서 C급인재들을 사실상 방치하고 있다. 아직 제대로 된 평가시스템이 없다, 노동법 때문에 어쩔 수 없다, 노사관계가 험악해질까봐, 조직 이미지가 나빠질까봐 등등 그 이유도 가지각색이다.

하지만 위에서 설명했다시피 기업의 경쟁력을 강화하기 위해서는(적어도 떨어뜨리지는 않으려면) C급인재들을 제대로 평가하고 관리하기 위한 체계를 갖춰야 한다. 그러기 위해서는 C급인재 관리의 중요성을 인식하고, C급인재를 효과적으로 관리하는 데 필요한 구체적 방안을 이해하는 것이 필수적이다.

C급 인재의
효과적 관리
4대 원칙

필자가 현장에서 컨설팅을 진행하거나 인사제도를 진단할 때마다 절감하는 사실이 한 가지 있다. 많은 기업들이 새 조직원을 받아들이는 입구 관리는 잘하면서 조직원을 내보내는 출구를 관리할 생각은 잘하지 못한다는 사실이다. 이런 기업에서는 사람이 나갈 출구가 없다 보니 인사적체가 발생할 수밖에 없고, 그에 따라 고임금, 고직급의 조직원들이 계속해서 늘고 있는 실정이다. 인사구성도 가장 이상적인 구조인 '피라미드 구조'가 아닌 '항아리 구조' 또는 '역 피라미드 구조'로 바뀌어 생산성과 효율성이 떨어지는 것은 물론이다. 신입직원 채용을 동결해버린 기업도 많고, 따라서 조직의 혈액순환이 제대로 이루어지고 있지 않은 경우가 비일비재하다.

이런 상황에서는 A급인재들을 잘 관리하여 지속적으로 좋은 성과를 내게 하는 것도 중요하지만, C급인재들을 관리하여 역량을 향상시키거나 과감하게 퇴출하여 조직의 혈액순환을 원활하게 해주는 것 또한 그에 못지않게 중요하다. 하지만 대부분의 기업들은 A급인재들만 체계적으로 관리할 뿐, C급인재들을 관리하는 데에는 소극적이다.

C급인재들은 자기 스스로가 나쁜 성과를 낼 뿐 아니라, 조직의 전체적인 분위기까지 부정적으로 몰고 간다. 그들은 다른 구성원들에게 상습적으로 피해를 끼치고, 따라서 성과가 좋은 구성원일수록 조직에 대한 충성도와 신뢰감이 떨어질 수밖에 없다.

C급인재들을 제대로 관리하지 않는 조직은 질 좋은 조직성과를 기대하기 어렵다. A급인재들이 아무리 좋은 성과를 창출한다고 해도, 다양한 구성원들의 시너지 없이는 제대로 된 조직성과를 이끌어낼 수 없기 때문이다.

GE의 전 회장 잭 웰치는 활력곡선 이론을 내세우며 하위 10%의 직원들을 잡초에 비유했다. 그는 자신을 '정원사'라 부르며 "나는 유능한 인재들이 잘 성장할 수 있도록 물과 비료를 주기도 하지만, 나무와 풀이 자라는 데 방해가 되는 잡초를 제거하는 역할도 한다."라고 말했다. 이러한 맥락에서 생겨난 것이 바로 GE의 '상시퇴출제도'다.

여기서 우리에게 중요한 것은 국내의 현실에 맞는 '하위 10% 관리전략'을 찾는 일이다. 온정주의적 정서가 지배적인 많은 국내기업들은 지금껏 C급인재들을 적극적으로 관리하지 않고 관대하게 포용해왔다. 하지만 최근 성과중심의 조직개편과 인력관리를 가속화하는 기업이 늘어나고 있고, 그 과정에서 그동안 방치되어왔던 C급인재들에 대한 관리방안이 인재관리의 '뜨거운 감자'로 떠오르고 있다.

C급인재를 제대로 관리하려면 몇 가지 원칙이 지켜져야 한다.

우선 C급인재에 대한 조직의 관리원칙을 투명하게 공개해야 한다. 덧붙여 조직이 C급인재를 관리하는 목적이 퇴출에만 있지는 않다는 점 또한 명확히 알려야 한다. 그래야 조직의 혼란이 방지된다. 성과를 내지 못하는 구성원에게도 재도전의 기회를 주고 지원하겠다는 의지를 표명할 필요가 있다. 그래도 성과를 내지 못할 경우엔 퇴출될 수 있다는 점 또한 미리 강조해야 한다.

이러한 원칙은 기존 구성원들뿐 아니라 신입사원들에게도 알려야 한다. 원칙을 미리 알고 시작하면 그만큼 불만이 적어지고 마찰이 줄어들

법률적 문제	노동법상 해고가 어려움 정당한 해고사유 필요
재정적 부담	비자빌적 퇴사에 대한 위로금 소요 전직지원 프로그램 운영비 소요
조직의 동요	고용불안감 발생 성과에 대한 압박 증가로 창의성과 도전정신 감소 조직에 대한 충성도 저하 A급인재 유출 가능성 발생
대상자 선정 문제	평가의 공정성 확보 문제 기준이 불명확할 경우 대상자들의 불복 가능성 발생

::표15 정리해고를 진행할 경우 발생할 수 있는 문제점

기 때문이다. GE의 경우 전체 구성원의 하위 10%가 퇴출된다는 사실을 신입사원들이 미리 알고 입사하기 때문에, 하위 10%로 분류되어 퇴출당하더라도 사원과 회사 간에 큰 문제가 발생하지 않는다.

둘째, C급인재의 분류기준이나 인원산정 등 관리원칙의 핵심 포인트를 정할 때에는 각 조직이 처한 상황을 충분히 고려해야 한다. 문제해결을 위한 단기적 접근은 금물이며, 조직문화나 인력상황, 경영능력과 같은 내부조건과 조직이 속한 분야의 환경 변화와 같은 외부조건을 모두 고려한 중장기적이고도 종합적인 시각이 필요하다.

셋째, 높은 비용과 위험을 감수하고서라도 과감한 정책을 밀어붙일 것인가, 속도를 늦추면서 좀 더 안정적인 정책을 수행할 것인가 하는 판단 또한 필요하다. 예컨대 대량해고를 단행할 경우 조직과 구성원들 간의 마찰이 커질 공산이 크고, 소요되는 비용도 적지 않으므로 이런 과감한 정책은 충분한 심사숙고를 거친 후에 시행하는 것이 좋다.

넷째, 전문성이 부족하고 많은 시간이 소요되더라도 자체적으로 관리전략을 세울 것인지, 높은 비용이 들더라도 외부에 전략수립을 의뢰할 것인지 하는 문제 또한 판단해야 한다.

섬세한 처방으로
부작용을
예방하라

앞서 말했듯이 C급인재 관리방안이 핫이슈로 떠오르고 있다. 잘못된 C급인재 관리는 여러 가지 문제의 원인이 되므로 조직은 C급인재 관리를 위한 처방전에 세심한 주의를 기울여야 한다. 다양한 방식을 고려하되, 그것이 C급인재들과 조직에 미치게 될 영향을 철저히 분석한 후에 조직의 특성에 잘 맞는 효과적인 관리방안을 수립해야 한다.

C급인재를 관리하는 방식은 크게 퇴출 접근법과 역량개발 접근법으로 나뉜다. 먼저 퇴출 접근법에 대해 알아보기로 하자. 퇴출 접근법에는 다음과 같은 두 가지 방식이 있다.

1. 해고(Lay-off)

퇴출 접근법 중에서도 가장 직접적이고 강력한 방식으로, 조직에 시급한 위기가 도래했을 때 좋은 효과를 발휘한다. 그러나 우리나라의 국민적 정서에 정면으로 배치되는 면이 있으므로 최후의 수단으로 사용하는 것이 좋다. 특히 구조조정이나 대량해고를 단행하기 전에는 이러한 점을 심사숙고해야 한다.

2. 진로전환 지원 프로그램(Career Transition Program)

퇴출당하는 C급인재가 실업자가 되는 것을 방지하여 조직과의 마찰을 최소화하는 방법이다. 조직은 이 프로그램을 통해 그들에게 창업이나 재취업에 관한 정보를 제공하고 그들의 창업과 재취업을 지원한다.

퇴출 접근법을 취하는 대표적인 기업으로는 GE가 있다. 잭 웰치는 그의 회고록을 통해 "나는 처음에 이러한 정책을 실행하는 것이 정말 옳은 것인지를 놓고 오랫동안 고민했다. 하지만 나는 곧 이런 결론에 도달했다. 하위 10%의 인력을 회사에 묶어둠으로써 다른 직업을 선택할 기회조차 빼앗고, 나이가 든 후에야 회사를 그만두게 하는 것이 더 잔인한 것이 아닌가."라고 밝혔다.

GE의 퇴출 접근법은 잭 웰치의 확고한 신념을 바탕으로 강력하게 추진되었고, 이는 곧 C급인재 관리의 성공사례로 유명해졌다. 삼성의 C급인재 관리방식 또한 GE와 유사하다. C급인재들에게 경각심과 위기의식을 먼저 심어주며 성과향상을 독려하고, 그래도 성과가 개선되지 않을 경우에는 자발적 퇴직을 유도한다. 자발적으로 퇴직하는 사람이 없더라도 명예퇴직이나 강제성을 띤 권고퇴직을 통해 수시로 일정비율의 인력을 방출하는 것이 상례다.

뒤에서 소개하겠지만, 삼성은 자타가 공인하는 철저한 인재관리로 유명하다. 고故 이병철 회장은 회사가 직원을 강제로 퇴출하기보다 직원이 자발적으로 사직하게 하는 '보이지 않는 손(invisible hand)'에 의한 자율적 인재관리 방식을 취했으나, 외환위기 이후 서구식 성과주의가 강화되면서 삼성의 인재관리 방식은 GE와 매우 유사하게 변화했다. C급인재들을 자발적으로 사직하도록 유도하는 관행은 아직 남아 있지만, 그것이 여의치 않을 경우에는 구조조정이나 명예퇴직을 통해 수시로 일정비율의 인력을 퇴출하고 있다. 특히 2010년 가을에 이건희 회장이 '젊은 피가 필요하다'라는 발언을 하면서 삼성 내의 고령자에 대한 명예퇴직 유도는 더욱 강화되었다.

하지만 퇴출 접근법이 모든 문제를 해결하는 만병통치약은 아니다. 미국 경제신문 〈월스트리트저널Wall Street Journal〉에 따르면 최근 포드Ford 사를 비롯한 미국의 여러 기업들이 GE와 유사한 제도를 실행했다가 실패를 겪고 고전하고 있다고 한다.

퇴출 접근법은 C급인재들로 인해 발생하는 문제를 해결함과 동시에 또 다른 문제를 낳는다. 따라서 이를 실행하기 위해서는 분명한 원칙과 확고한 의지가 전제되어야 한다. 먼저 세심한 주의를 기울여 원칙을 세우고, 그것을 전제로 조직의 명확한 의지를 표방해야 한다. 퇴출 접근법이 잘못 운용되면 남은 구성원들의 사기가 떨어지고 고용불안감이 조성되며, 그로 인해 구성원들의 조직에 대한 신뢰가 깨질 가능성이 크다.

퇴출 접근법은 이처럼 실행에 큰 위험이 따르는 방식이므로 다른 방식의 C급인재 관리방안 또한 여러 가지로 고민할 필요가 있다.

역량개발 접근법은 퇴출 접근법과는 달리 C급인재의 역량을 개발하여 그들의 성과를 끌어올리는 방식이다. 이러한 역량개발 접근법 중 대표적인 것이 다음의 두 가지 방식이다.

1. 고용조건 변화 프로그램

C급인재에게 자발적인 퇴직을 유도한 후, 직급이나 신분을 바꾸어 재고용하는 방식. 조직을 분리하여 분리된 조직으로 그들을 보내거나 비정규직으로 신분을 바꾸어 재고용한다. 대기업의 경우에는 자회사 또는 다른 계열사로 그들의 소속을 이동시키기도 한다. 조직 구성원들의 고용불안감을 최소화하기 위한 방법이다.

2. 경력개선 프로그램

조직 고유의 프로그램을 통해 C급인재에게 자신의 잠재능력을 개발할 다양한 기회를 제공하는 방식. 현재 맡은 업무가 적성에 맞지 않아 발생하는 성과부진을 극복하여 C급인재들로 하여금 성과를 개선할 수 있도록 한다. 이 방식은 도입하는 데에 많은 비용과 시간이 요구된다는 단점에도 불구하고 우리나라의 국민적 정서에 비추어볼 때 가장 활용하기 용이하다.

C급인재가 발생하는 데는 개인의 업무역량 부족, 조직과 개인의 가치관 충돌, 적성에 맞지 않는 직무수행 등 여러 가지 원인이 있다. 역량개발 접근법은 단순한 기준의 평가를 통해 C급인재를 분류하는 방식과는 달리, C급인재 발생의 여러 요인을 정밀하게 분석하여 구성원 각자에게 가장 적합한 육성방법을 적용하는 체계적이고 과학적인 접근방식이다.

국내의 한 통신사는 직원 각각의 성과를 평가해 직무 적합도(job fitness)를 도출하고, 이를 근거로 하여 각자에게 가장 잘 맞는 직무를 배정하고 다양한 교육훈련 프로그램을 제공함으로써 C급인재의 성과를 끌어올리는 데 집중하고 있다.

또, W저축은행은 장기근속직원이나 C급인재들 중 역량개발을 통해 높은 성과를 창출한 직원들을 대상으로 직급이나 급여와 같은 고용조건을 새롭게 조정해주는 방식의 C급인재 관리방안을 시행하고 있다.

이외에 많은 기업에서 실시하고 있는 멘토제, 코칭제와 같은 제도 또

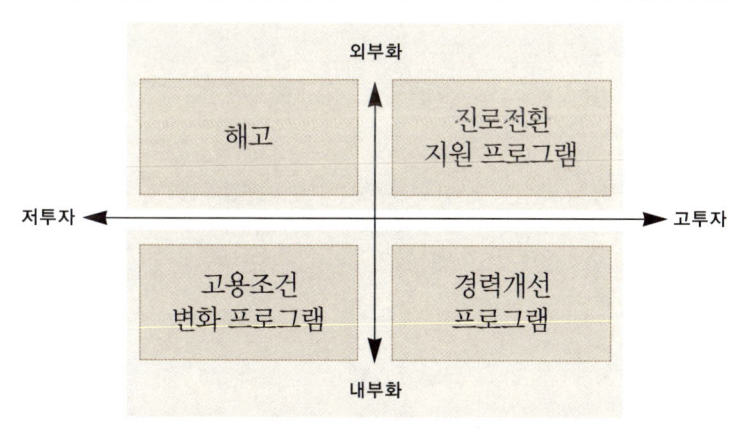

::표16 C급인재 관리체계

한 이러한 역량개발 접근법의 일환이다.

서울시를 비롯한 여러 지방자치단체나 고용노동부와 같은 중앙부처도 역량개발 접근법을 통해 C급인재들을 관리하고 있으며, 대부분의 공공기관들도 외부의 전문기관에 자문하는 방법을 통해 이러한 접근방식을 적극적으로 채용하는 분위기다.

대부분의 기업들이 C급인재 관리의 필요성에 공감하면서도 효과적인 관리방안은 찾지 못하고 있다. 낮은 성과나 부족한 역량과 같은 단순한 기준만 가지고 C급인재가 발생하는 원인을 찾으려고 하기 때문이다. 기

구분	역량개발 접근법		퇴출 접근법	
구분	경력개선 프로그램	고용조건 변화 프로그램	진로전환 지원 프로그램	해고
목적	C급인재의 역량개발 기회 제공	자발적 퇴직 유도	퇴직자의 실업요인 최소화	비효율성의 즉각적인 제거
세부방안	조직 고유의 프로그램 사용	새로운 신분 또는 직급 부여	창업 또는 재취업 지원 관련 정보 제공	구조정리, 권고퇴직
특징	· 장기적인 C급 인재 육성책 · 프로그램 도입에 따른 높은 비용 소요	· C급인재를 위한 새로운 직급 및 인사제도 운영	· 남은 조직 구성원들의 충격 최소화 · 높은 재정적 부담	· 시급한 위기에 효과적 · 조직 구성원들의 소속감 저하 가능성
주요 적용조직	정부기관, 공기업	금융권 기업	대기업	외국계 기업

:: 표17 C급인재 관리방식의 종류와 특징　　출처 : 머서 코리아(http://www.mercer.co.kr/)

업이 효과적인 C급인재 관리방안을 도출하려면 역량진단이나 심리검사를 토대로 한 유형별 원인분석과 같은 구체적인 평가도구를 갖춰야 하며, 성과주의 인사제도 또한 일관성 있게 운영해나가야 한다.

LG CNS의 C급인재 관리원칙

LG CNS는 크게 다섯 가지의 핵심원칙을 정하여 C급인재를 관리한다.

첫째, 관리의 목적을 투명하게 공개한다.

C급인재를 관리하는 목적은 퇴출이 아닌 성과주의 문화를 구축하는 데 있다는 것과, 능력을 발휘하지 못하는 구성원들에게 재도전의 기회를 부여하여 그들이 도약할 수 있는 계기를 마련하는 데 의의를 둔다는 것을 구성원들에게 명확하게 알려야 한다.

둘째, 지속적으로 실행한다.

C급인재 관리의 성공 여부는 지속적인 실행력에 달려 있다. 난관에 부딪힌다고 쉽사리 제도를 변경하거나 포기한다면 제도의 희생양이 속출할 것이고, 구성원들은 조직을 불신하게 될 것이다.

셋째, 객관적이고 공정한 평가제도를 정착시킨다.

C급인재가 제대로 관리되지 않는 조직의 가장 큰 특징은 평가의 공정성에 대한 구성원들의 신뢰도가 낮다는 점이다. 이를 해소하기 위해서는 객관적인 평가기준의 마련, 적절한 피드백, 평가자의 평가역량 제고,

평가자와 피평가자의 신뢰구축 등이 필요하다. 공정한 평가제도 없이는 C급인재 관리를 제대로 해낼 수 없다.

넷째, 현장중심으로 관리한다.

C급인재 관리의 목적은 모든 구성원들의 성과를 높이는 것이다. 이를 위해서는 현장에서 커뮤니케이션이 제대로 이뤄져야 한다. 현장에서 부서장과 부하가 서로 소통하지 못한다면 인재관리 자체가 불가능해지기 때문이다.

다섯째, 지원과 배려를 아끼지 않는다.

C급인재가 자신의 능력과 적성에 맞는 다른 일을 찾기까지 전 과정을 지원하고, 스트레스 관리와 같은 전직지원 프로그램을 마련해야 한다. 회사를 떠나는 구성원들이 회사에 대해 좋은 인상을 갖도록 인간적인 배려 또한 아끼지 말아야 한다.

근본제도를
바꾸지 않는 건
사후약방문

지금까지 알아본 방식들은 개개인을 대상으로 한 단기적인 처방이었다. 그러나 C급인재 관리제도를 안정적으로 운영하려면 보다 근본적인 변화가 필요하다. GE나 삼성의 경우처럼 처음 뽑을 때부터 제대로 뽑고 C급인재가 자연스럽게 도태되도록 하는 확실한 제도를 구축해야 한다.

그렇지 못하고 문제가 심각해진 후에야 사후약방문식으로 긴급히 처방을 내리려고 하면 더 큰 어려움을 겪을 수 있다. 따라서 조직은 단기적 처방보다는 다음과 같은 장기적인 접근방법을 통해 인사제도와 시스템을 근본부터 바꾸고, 그렇게 바뀐 제도와 시스템이 조직문화 안에 자리 잡도록 노력해야 한다.

1. 성과주의 인사제도 도입

많은 기업들이 C급인재들을 적극적으로 관리하지 못하는 가장 큰 이유는 평가의 공정성에 대한 구성원들의 신뢰도가 충분히 높지 않기 때문이다. 그 원인은 다음과 같다.

첫째, 명확히 정의된 평가기준이 없고 평가항목과 각 항목별 목표가 평가자의 주관적인 판단에 의해 결정되고 있다. 목표관리(MBO, Management By Objectives) 방식의 성과관리체계가 거의 모든 조직에 유행처럼 보급되었지만, 일부 대기업을 제외한 대부분의 기업에서 상위조직의 전략과 목표에 연계된 성과중심의 핵심성과지표(KPI, Key Performance Indicator) 도입은 매우 미흡하게 이루어지고 있다.

둘째, 미리 설정된 명확한 평가기준과 목표에 따른 객관적인 평가가 이루어지지 못하고 있다. 평가자를 대상으로 하는 교육이 확대되었음에도 여전히 많은 평가자들이 연공서열에 의거해 진급 대상자를 높게 평가한다든지, 차별적인 분배에 대한 일부 구성원들의 반발을 두려워한 나머지 팀워크를 강조한다는 명목하에 나눠먹기식의 평가를 하는 일이 곳곳에서 일어나고 있다.

셋째, 환경의 변화나 직급별 경험 등을 고려한 목표 대비 조직기여도, 혹은 직무 난이도를 감안하지 않은 다분히 주관적이고 비체계적인 평가가 실시되고 있다.

이러한 이유들 때문에 구성원들은 자신의 평가결과에 수긍하지 못하게 되고, 따라서 이러한 환경에서 제대로 된 C급인재 관리가 이루어지기 힘든 것은 자연스러운 결과다. C급인재를 효과적으로 관리하기 위해서는 객관적인 평가시스템의 정비가 필수적이며, 평가결과의 활용 측면에서도 적절한 방식의 C급인재 관리가 이루어져야 한다.

2. 채용부터 엄격히

C급인재 발생의 최소화는 채용단계에서부터 시작되어야 한다. 단순히 화려한 배경만 보고 사람을 뽑는 것은 실패의 지름길이다. 따라서 채용 단계에서부터 잠재적 C급인재의 유입 가능성을 최소화하는 것이 무엇보다 중요하다. 최근 많은 기업들이 채용절차에 세심한 주의를 기울이는 이유도 여기에 있다.

예를 들어 삼성은 5~6단계의 엄격한 채용절차를 운용하고 있다. 업무에 관한 전문성과 재능을 평가하는 전문성면접보다 대인관계, 조직 적응력, 도전정신, 열정과 같은 가치를 평가하는 인성면접에 비중을 둔다. 고 이병철 회장은 생전에 아무리 바쁘더라도 신입사원 채용에 반드시 참가하여 갑, 을, 병으로 구분된 엄격한 평가를 내린 것으로 유명하다.

창립한 지 10년 만에 한국 20대 재벌그룹으로 급성장한 STX의 강덕수 회장도 신입사원을 채용할 때는 모든 일정을 제쳐두고 면접에 참가하는 것으로 알려져 있다.

LG전자의 경우, 수년 전부터 인적성검사에 기반을 둔 'Right People 선발 기법'을 개발해 인재 선발을 위한 심층면접에 활용하고 있다. 이는 기업의 인재상에 맞는 '독한 인재', 즉 학력이나 경력보다 일에 대한 열정, 승부근성, 그리고 잠재능력이 탁월한 인재를 우대하겠다는 강력한 의지의 표명이다.

3. 자발적인 성과개선 의지

성과를 개선하는 데는 스스로의 의지가 무엇보다 중요하다. 아무리 세심한 주의를 기울여 만든 인사제도나 시스템도 C급인재 스스로의 개선 의지가 없으면 제대로 작동할 수 없다. 따라서 그들은 C급인재에서 벗어날 수 있도록 스스로 노력해야 한다.

그러나 A급인재들이 높은 성과를 내는 동인을 C급인재들이 그대로 따라한다고 해서 똑같은 성과가 나타나지는 않는다. C급인재들이 A급인재들을 벤치마킹하거나 A급인재들이 C급인재들을 직접 지도하고 교육하는 것도 좋은 방법은 아니다. 그들이 C급인재가 된 이유는 따로 있다. 이를 크게 두 가지로 압축하면 다음과 같다.

첫째, 자신이 맡은 직무를 성공적으로 수행하는 데 필요한 기술력이 모자라다.

둘째, 자신이 맡은 직무를 성공적으로 수행하려는 의지가 부족하다.

C급인재들은 자신에게 어떤 문제가 있는지 먼저 파악하고 그것을 보완하기 위해 노력해야 한다. 기술력이 모자라다면 즉각적이고 지속적인 교육훈련을 통해 기술력을 키워나가야 하고, 의지가 부족하다면 자신이 처한 심리적 상황이 어떤지, 환경적으로 개선이 필요한 사항이 무엇인지 판단하여 직무를 제대로 수행하기 위한 의지를 되찾아야 한다.

물론 C급인재들이 스스로 노력하게 하려면 조직 차원의 대책도 마련되어야 한다. 조직에서도 그들의 능력을 향상시킬 방법과 그들에게 필요한 교육체계를 고민하고, 인재관리에 대한 관점을 전환하여 선발, 교육훈련, 그리고 인사관리를 통합적으로 바라보는 노력을 기울여야 한다.

4. 체계적 인재육성을 통한 지속적 관리

우리나라의 정서와 문화에 비추어볼 때, 외국에서 사용된 접근 방식을 그대로 적용해서는 C급인재 관리에 대한 구성원들의 이해와 공감을 제대로 이끌어낼 수 없다.

단 한 번의 평가결과만 가지고 일정비율의 구성원을 C급인재로 단정 지어 퇴출하는 방식은 지양되어야 한다. 그보다는 여러 차례의 객관적인 평가를 실시해 그 결과를 근거로 C급인재를 선별하고, 모두가 수긍할 수 있는 객관적인 절차를 통해 그들에게 패자부활의 기회를 제공하는 것이 더욱 현명한 방법이다.

C급인재 관리의 목적은 단순히 성과가 낮은 사람을 찾아서 퇴출하는 것이 아니라 모든 구성원들을 조직이 추구하는 전략적 목표를 향해 일사 불란하게 움직이도록 하는 데 있다. 따라서 조직은 체계적인 육성방법을 통해 그들의 부족한 역량을 키워주어야 한다.

그러기 위해서는 멘토제나 코칭제를 통한 지도방식이나 체계적인 경력 개선 프로그램을 활용하여 인재를 육성하는 등 다양한 제도를 마련해야 한다. 경력개선 프로그램은 C급인재를 체계적으로 육성함으로써 그들의 성과를 향상시키고, 그들에게 기존의 직무와 다른 직무를 부여함으로써 새로운 적성을 발견하도록 유도하는 방식이다. 이는 조직에 기여할 수 있는 새로운 기회를 그들에게 제공하는, 매우 의미가 큰 관리방식이다.

이러한 노력에도 불구하고 성과가 향상되지 않거나 조직에 적응하지 못하는 구성원들에게는 진로전환 지원 프로그램을 적용하여 자신의 능력을 제대로 발휘할 수 있는 최선의 진로를 안내해주어야 한다.

5. 불량리더 제거가 우선

C급인재 발생을 최소화하기 위해서는 개선의 여지가 없는 C급인재를 과감히 퇴출할 수 있는 엄격한 체계를 갖추는 것이 중요하다. 여기서 주의할 점은 C급인재를 퇴출하기에 앞서 먼저 불량리더부터 제거해야 한다는 것이다. 최근에는 상사와의 갈등이 불합리한 급여체계를 제치고 직장인들의 가장 큰 퇴직사유로 꼽히고 있다.

C급인재 발생 원인의 절반은 본인 스스로의 감성적·심리적 결함에서 비롯된 나쁜 습관에 있지만 나머지 절반은 불량직원을 양산하는 불량리더에게 있다. 그래서 상시퇴출제도를 엄격하게 실천하는 것으로 잘 알려진 GE는 이 제도를 리더들에게 더욱 가혹하게 적용한다. 특히, GE는 아무리 성과가 좋고 능력이 뛰어난 리더라고 해도 감성지능이 부족하면 1순위로 퇴출한다는 점을 우리 기업들도 다시 한 번 음미해볼 필요가 있다.

6. 명예회복의 기회 제공

C급인재라고 해서 언제까지나 C급인재로만 남아 있을 것이라고 단정할 수는 없다. 개인의 성과는 개인적 사정이나 조직 분위기, 영업환경, 상사의 리더십과 같은 요소에 영향을 받아 일시적으로 달라지게 마련이다. 따라서 실적이 부진한 구성원들에게는 최후의 수단인 인사조치에 앞서 명예회복의 기회가 먼저 제공되어야 한다. 조직은 실적이 부진한 인력이 다시 한 번 자신의 실력을 보여줄 수 있도록 최대한 지원해주어야 한다.

여기에는 더 큰 성공을 위해 작은 실패를 용인해주는 기업가 정신이

담겨 있다. 또한 실적이 부진한 원인을 추가적으로 파악하여 인사조치와 같은 잡음을 없애려는 의도도 깔려 있다.

명예회복의 기회를 효과적으로 제공하기 위한 절차는 다음과 같다.

1. C급인재들 중에서 명예회복의 기회를 제공받을 구성원들을 선별한다.

2. 현재 실적과 일정기간(대체로 3~6개월) 후에 달성해야 할 목표, 그리고 계속해서 미흡한 실적을 낼 경우 취해질 조치에 대해 통보한다.

3. 지속적으로 모니터링하면서 목표를 차질 없이 달성하기 위한 방법을 피드백해준다.

4. 그들에게 특정한 교육이 필요한지, 더 명료한 목표가 부여되어야 하는지, 추가적인 지원이 필요한지 확인하고 지원한다. 또한 그들이 자신의 직무에 적합한 능력을 갖추었는지 파악한다.

5. 재도전의 결과로 성과가 충분히 향상된 구성원들에게는 그에 합당한 보상을 제공한다. 하지만 성과가 향상되지 않은 구성원들에게는 인사조치 사실을 명확히 통보한다. 이때 충분한 검토를 거쳐 인사조치 절차를 미리 정해두어야 한다.

1. 페덱스 FedEx 의 명예회복 절차

세계를 무대로 택배업을 수행하는 글로벌 초일류기업 페덱스는 실적이 부진한 직원들에게 명예회복 절차를 제공하고 있다.

실적평가에 의해 실적 부진자로 분류된 직원 중에서 명예회복의 기회를 제공

받은 자는 필요한 자문을 받아 새로운 실적목표를 부여받고 실행계획을 수립한다. 6개월의 명예회복 기간이 끝나면 부여되었던 실적목표를 기준으로 실적이 평가되고, 그 결과를 토대로 재분류가 이루어진다.

여기서 실적 우수자로 분류된 자는 조직에 복귀된다. 하지만 명예회복의 기회를 두 차례나 주었음에도 불구하고 계속해서 실적 부진자로 분류되는 자는 해고당하게 된다.

이 과정에서 세 차례의 통보가 이루어진다. 첫 통보는 1차 명예회복 활동 전에 이루어진다. 이때 어느 수준의 성과가 어떻게 이루어져야 하는지, 관리자와 부서원들은 각각 어떤 행동을 취해야 하는지를 알려준다.

1차 명예회복 활동에도 불구하고 계속해서 실적이 부진할 경우 두 번째 통보가 이루어진다. 그 대상자에게는 하루의 유급휴가가 주어진다. 대상자는 이때 문제를 재검토하고 실행계획을 다시 작성해야 한다.

2차에 걸친 명예회복 활동에도 불구하고 성과가 향상되지 않으면 최후 통보가 이루어진다. 불미스러운 인사조치가 통지되는 것이다.

2. 펩시코PepsiCo의 명예회복 제도

세계적인 탄산음료 브랜드 '펩시Pepsi'로 유명한 펩시코는 매년 성과평가를 통해 실적이 부진한 직원들을 찾아내어 그들에게 성과향상을 위한 90~120일의 명예회복 기간을 주고 있다. 해고, 강등과 같은 비자발적 인사조치율은 3%밖에 되지 않으며, 그 대상자는 실적평가에서 2년 연속으로 '수용 불가' 등급을 받은 사람으로 제한된다. 특히 우리나라의 임원에 해당하는 16등급 이상의 860명 중 1990년부터 1992년까지 인사조치를 받은 사람은 10% 내외에 불과하다.

펩시코의 한 인사담당자는 "이 제도는 성공적이다. 우리는 잃지 말아야 할 인재를 매년 3~4명 정도밖에 잃지 않고 있다. 우리는 인사조치 때문에 우수한 인재를 놓칠까봐 걱정하지 않는다."라고 말했다.

그래도
굳이
내보내야겠다면

　조직 차원에서 C급인재를 적극적으로 관리하고 본인들이 자발적으로 노력했음에도 불구하고 성과가 개선되지 않는다면 이들을 퇴출하는 것은 불가피한 일이다. 최고급 인재를 들여오는 것만큼이나 구성원을 내보내는 것, 즉 출구를 관리하는 것도 중요하다. 이제 우리 기업들도 유능한 인재의 선발 못지않게 퇴출 대상자들의 퇴직문제에도 관심을 기울여야 한다.

　그러나 실제로 퇴직을 관리하기란 굉장히 어려운 일이다. 외환위기 이후 우리 기업들은 일정 기간 지속적으로 인력을 감축하거나 중도퇴직을 유도했다. 그럼에도 불구하고 기대한 효과를 달성하지 못하는 경우가 많았다. 동료들의 퇴직으로 인한 고용불안과 사기저하라는 문제가 당장 나타났고, 퇴직금 지급이 집중됨에 따라 퇴직 비용이 증가했기 때문이다. 우수 인재들이 퇴직하면서 조직에 축적된 지식이 붕괴하는 등 여러가지 심각한 부작용 또한 지금까지 나타나고 있다. 이는 조직이나 개인이 퇴직을 미리 준비하지 않았거나 미숙하게 대응하는 데서 비롯된 결과다.

따라서 우리 기업들은 이제부터라도 직원들의 퇴직으로 인한 부작용을 줄일 수 있는 효과적인 퇴직관리법에 관심을 가져야 한다. 그렇다면 효과적인 퇴직관리를 위한 성공 포인트에는 무엇이 있는지 지금부터 알아보도록 하자.

첫째, 한꺼번에 밀어내지 말고 상시적으로 관리하라

조직의 긴장감을 유지하고 부작용을 최소화하는 등 효과적으로 퇴직을 관리하기 위해서는 예측가능한 상시적 퇴직관리가 이루어져야 한다. 전략적 퇴직률 발표, '옐로카드Yellow Card제'와 같은 조기 경보제, 직급정년제, 인력 재배치, 사전에 퇴직을 준비할 수 있도록 돕는 퇴직관리 프로그램 등이 그 좋은 예다.

조직은 이러한 상시적 퇴직관리를 통해 평소 적정 수준의 퇴직률을 유지하여 인력흐름의 통풍구를 열어두어야 한다. 그렇게 해야 인력이 일시적으로 대량감소할 가능성을 낮추어 조직의 안정성을 높이고 노사분쟁의 불씨도 미연에 방지할 수 있다.

GE는 이러한 상시적 퇴직관리의 대표적 사례로, 해마다 평가결과가 하위 10%에 해당하는 인력을 내보내고 있다.

둘째, 공정한 평가기준과 합리적인 C급인재 관리원칙을 세워라

C급인재, 특히 퇴직자를 선별할 때에는 구성원들로부터 그것이 합리적이고 객관적인 결정이라는 암묵적 동의를 이끌어내는 것이 중요하다. 그 결정이 누구나 승복할 수 있는 합리적인 것으로 구성원들에게 받아들여지기 위해서는, 무엇보다도 업적이나 능력을 기준으로 퇴직자가 선별되었다는 데에 대한 합의가 필요하다. 따라서 평가제도의 개선이 전제되어야 효과적인 퇴직관리 시스템이 구축될 수 있을 것이다.

셋째, 무조건 내보내기 전에 성과부터 개선시켜라

퇴직관리는 단순히 구성원들을 퇴출하는 것만을 목적으로 하지 않는다. 구성원들을 내보내지 않고도 기존의 생산성을 유지할 수 있다면 그것이 최선의 방법이다. 따라서 다른 여러 가지 방법을 모색하려는 노력을 먼저 기울이고, 그 모든 노력이 허사가 되었을 때, 그때 비로소 퇴출 접근법을 생각하는 것이 바람직하다.

일본 기업들이 주로 활용하는 '단계적 퇴직관리'가 그 대표적인 예다. 이는 조직의 생산성 저하 등으로 인해 구성원들의 비자발적 퇴직이 필요한 경우, 구성원들을 내보내기 전에 먼저 다음과 같은 몇 단계의 성과개선 프로그램을 운영하는 것을 말한다.

1단계로는 우선 직무 공유제 등을 통해 근무시간을 단축하거나 직무 재배치를 통해 직원 개개인을 각자의 역량에 맞는 직무로 이동시켜 생산성 향상을 도모한다. 이것이 여의치 않으면 2단계에서는 신규채용을 감축하거나 계약직 사원의 재계약을 줄이고 임금을 삭감하는 등의 조치를 취한다. 최근 관심을 끌고 있는 '임금피크제'(일정 연령이 되면 임금을 삭감하는 대신 정년을 보장하는 제도)도 이러한 조치의 일환이다. 이런 방법으로도 문제가 해결되지 않는다면 구성원들을 다른 조직으로 재배치하거나, 명예퇴직을 유도하는 등의 마지막 조치가 가해진다.

넷째, 끝까지 애프터서비스하라

이러한 노력에도 불구하고 구성원들을 부득이하게 내보내야 하는 상황이 올 수 있다. 그러나 그런 경우라 하더라도 아무 계획 없이 그냥 내보내기보다는 그들이 조기에 적절한 직업을 찾을 수 있도록 '전직지원 서비스(Outplacement Service)'를 제공하는 것이 조직을 위해서도 구성원들을 위해서도 좋은 일이다. 이는 직업상실에 따른 퇴직자들의 충격을 완화하고 심리적 불안감을 줄여주며, 조직이 원할 때 원활한 인력조정을 가능하게 한다. 그러한 제도가 활성화되면 조직은 사회의 구성원으로서 사회적·도덕적 책임을 다할 수 있고, 퇴출 접근법이 조직에 미치는 부정적 영향 또한 최소화할 수 있다.

퇴직자들이 조직의 도움으로 재취업 또는 창업에 성공하면 남은 구성원들의 사기저하나 불안감은 줄어든다. 또한 전직지원 서비스는 구성원들을 소중하게 여긴다는 긍정적인 이미지 형성에도 도움을 주기 때문에, 향후에 조직이 우수한 인재를 확보하고자 할 때 강력한 경쟁우위를 얻게 하는 효과도 있다.

이제 국내외의 많은 기업들이 전직지원 서비스를 실시하는 추세다. 세계적 인적관리 전문업체 DBM의 조사에 따르면, 미국의 대표적인 비즈니스 저널 〈포춘Fortune〉이 선정한 100대 기업 가운데 83% 이상이 전직지원 서비스를 실시하고 있다고 한다.

다섯째, 사전에 충분히 커뮤니케이션하라

구성원들이 퇴출당하는 일이 발생하면 당사자와 남은 구성원들은 커다란 심리적 충격을 받는다. 이러한 심리적 충격과 미래에 대한 불확실성

전략적 퇴직관리제도 수립	전략적 퇴직관리제도 발표	전략적 퇴직관리제도 시행
· 상시퇴출 시스템 · 성과개선 프로그램 · 전직지원 서비스	· 전 임직원에게 공표	· 퇴직관리 원칙의 일관성 유지 · 지속적으로 수정, 보완

C급인재 선정	· 종합평가결과 통보 직후 실시	매년 3월 (종합평가 후)
위로금 지급 및 퇴직	· 선정된 C급인재 중 퇴직 희망자 선발 · 위로금 지급(연봉의 50~100%) · 별도의 전직지원 서비스 없음	매년 4월 (선정 후 2주 이내)
성과개선 프로그램	· 퇴직 희망자를 제외한 전 인원 대상 · 인력개발팀 주관으로 3~6개월간 진행 · 지속적인 평가 실시	매년 4~10월
현업복귀	· 성과개선 프로그램 실행결과 우수자 현업복귀 조치 · 배치면담을 통해 업무 결정	성과개선 프로그램 종료 직후
전직지원 서비스	· 성과개선 프로그램 실행결과 성과 미달 성자 퇴출 조치 · 사직원을 먼저 접수한 후 시행	성과개선 프로그램 종료 3개월 후

::표18 전략적 퇴직관리 사례

을 줄이기 위해서는 조직이 구성원들과의 대화에 적극적으로 나서는 노력이 필요하다. 조직은 퇴출 대상자에게 퇴출사유와 구체적인 퇴출과정, 그리고 조직이 제공하는 각종 지원프로그램에 대한 상세한 정보를 알려주어야 한다. 남은 구성원들에게도 이러한 정보가 지속적으로 제공되어야 함은 물론이다.

퇴직자를 관리하는 것은 시설물을 폐기하는 것과는 본질적으로 다르다. 시설물은 필요가 없어졌을 때 곧바로 폐기해버리면 그만이지만, 사람은 언제 어떻게 부가가치를 창출할지 모르는 높은 잠재력을 지니고 있기 때문에 이를 충분히 살려줄 필요가 있다. 따라서 조직은 구성원들에게 잠재력을 발휘할 기회를 부여해야 하며, 퇴출 접근법은 부득이한 경우에 최후의 카드로 사용해야 한다. 이러한 인간존중의 신념으로 퇴직을 관리할 때, 퇴직자들의 불만이나 조직과의 마찰은 줄어들 수 있을 것이다.

최고의
기업들로부터 배우는
ABC 인재경영
실천사례

PART **2**

GE의 장수비결은
인재 키우는
꽃밭

강력한
경영 사관학교
GE의 탄생

"역사적 성공의 반은 죽을지도 모른다는 위기에서 비롯되었고, 역사적 실패의 반은 찬란했던 시절에 대한 기억에서 시작되었다."는 아놀드 토인비Arnold Toynbee의 말처럼 어제의 성공을 넘어서는 혁신의 정신이 바로 GE가 가진 저력의 원천이다.

GE는 1878년 에디슨이 자신의 발명품을 상업화하기 위해 설립한 기업이다. 또한 1898년 '다우존스 산업지수(Dow Jones Industrial Average)'가 처음으로 만들어질 때 존재했던 미국 12개의 초우량기업 중에서 유일하게 현존하는 기업으로 130년의 역사를 자랑한다. GE는 전 세계 100여 개국 11개 사업군에서 33만여 명의 종업원을 거느리고 있는 다국적 글로벌 기업이다.

〈포춘〉지가 선정한 '미국에서 가장 존경받는 기업'에 일곱 차례나 선정된 대기록을 가진 GE는, 2009년 금융위기로 인해 GM과 리먼브라더스Lehman Brothers를 비롯한 초일류기업들이 줄줄이 도산하는 가운데서도 홀로 유일하게 살아남는 막강한 저력을 보여주었다.

GE를 혁신적으로 변모시킨 주인공 잭 웰치의 후계자 제프리 이멜트는 9·11테러를 기점으로 시작된 미국의 '저성장' 경제상황을 극복하고 GE를 6년 만에 1,830억 달러 규모의 기업으로 성장시키며 GE의 역사를 다시 썼다.

GE는 설립 초기부터 인재를 중요하게 생각하고 어느 기업보다 직원교육에 많은 시간과 자원을 할애해왔다. 이러한 전통은 GE에게 '경영 사관학교'라는 영예로운 이름을 얻게 해주었다. 그래서 많은 언론들이 GE를 '경영 사관학교', 혹은 '인재를 키우는 거대한 꽃밭'에 비유하곤 했다. 잭 웰치는 국내의 한 강연회에서 "경영자의 가장 중요한 역할이 무엇이라고 생각하느냐?"라는 질문에 "경영자는 한 손에는 물뿌리개를, 다른 한 손에는 비료를 들고 꽃밭에서 꽃을 가꾸는 사람과 같다."라고 대답한 바 있다.

전략보다
사람이
먼저다

　1983년, 당시 GE의 회장이었던 잭 웰치는 'GE의 심장부'라 불리던 크로톤빌Crotonville 연수원의 재건공사에 드는 4,600만 달러짜리 지출안에 서명하면서 투자 회수기간 항목에 '무한(Infinite)'이라고 적었다. 그것은 '인재의 발굴과 육성에 대한 투자는 비용과 효과 차원을 넘어선 기업 생존의 기본'이라는 강한 신념의 표현이었다. 당시 그의 사무실에는 '전략보다 사람이 먼저다(People First, Strategy Second)'라는 격언이 걸려 있었다고 한다. 그는 인터뷰에서 인재경영에 관한 질문을 받을 때마다 "내 시간의 70% 이상을 인재육성에 사용한다."라고 답하기도 했다.

　그의 후임자 제프리 이멜트 회장은 GE를 계속해서 세계최고의 기업으로 유지하고 발전시키기 위해 '여덟 가지 가치, 네 가지 행동(8 Values,

4 Actions)'이라는 핵심가치를 발표했다. 이는 GE가 앞으로 나아갈 방향과 취해야 할 행동방침을 전 직원에게 공표한 것이다. GE의 리더들은 이러한 가치를 행동의 기본방향으로 삼고 있다.

또한 GE는 미래의 리더가 갖춰야 할 요건으로 '4E+V'를 상정하고 있다. 이는 에너지(Energy)가 넘칠 뿐 아니라 상대방에게도 활력(Energize)을 불어넣을 수 있으며, 어려운 상황에서도 과감한 결단(Edge)을 내릴 수 있고, 지체 없이 실행(Execute)할 수 있는 사람으로서, 장래에 대한 확고한 비전(Vision)을 가진 사람을 의미한다. 4E+V는 채용이나 직원 평가 등 모든 분야에서 가장 중요한 판단기준으로 활용된다.

자신이 맡은 일에 열정을 가진, 4E를 만족하는 인재들의 능력은 다음과 같다.

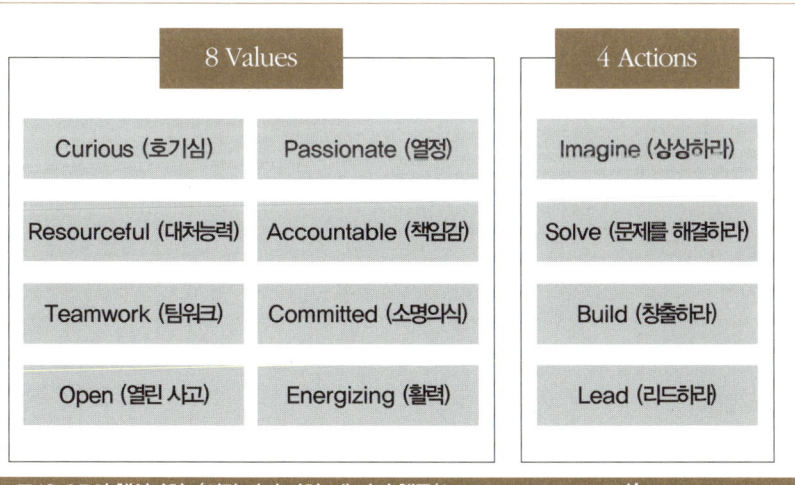

8 Values		4 Actions
Curious (호기심)	Passionate (열정)	Imagine (상상하라)
Resourceful (대처능력)	Accountable (책임감)	Solve (문제를 해결하라)
Teamwork (팀워크)	Committed (소명의식)	Build (창출하라)
Open (열린 사고)	Energizing (활력)	Lead (리드하라)

::표19 GE의 핵심가치, '여덟 가지 가치, 네 가지 행동(8 Values, 4 Actions)'

1. Energy(열정, 에너지) : 변화의 속도를 수용하고 다루는 능력

2. Energize(동기부여, 격려) : 다른 사람에게 활력을 불어넣는 능력

3. Edge(결단, 집중) : 어려운 의사결정을 내릴 수 있는 뛰어난 능력

4. Execute(실행) : 약속과 일치하도록 일관성 있게 업무를 추진하는 능력

이러한 역량, 혹은 리더십을 갖춘 인재들이 바로 GE의 A급인재들이다. GE는 이들에게 높은 급여와 스톡옵션을 제공하고 이들을 크로톤빌 연수원에 입소시켜 GE의 훌륭한 차세대 리더로 육성하고 있다.

GE 인재경영의
모태,
활력곡선 이론

인재경영에서 잭 웰치가 가장 중요하게 생각하는 것은 '능력의 차이'다. 잭 웰치는 '능력의 차이가 곧 모든 결정의 기준'이라고 생각했다. 그는 이것을 '차별화(Differentiation)'라고 불렀다. GE는 그런 그의 뜻에 따라 인재를 제대로 평가할 수 있는 방법을 찾기 위해 노력했고, 그 결과 '활력곡선'이라는 구체적인 도구를 개발했다.

활력곡선은 종 모양의 곡선으로, GE의 모든 직원을 A등급(상위 20%), B등급(중추부 70%), 그리고 C등급(하위 10%)의 세 그룹으로 분류하는데 사용된다.

GE에서는 매년 모든 사업부로 하여금 수석임원들을 평가하여 서열을 매기도록 한다. 이런 평가의 기본적인 목적은 사업부 책임자들의 리더십을 '차별화'하는 것이다. 또한 각 사업부의 책임자들은 자신의 부서에 속한 직원들을 상위 20%, 중추부 70%, 하위 10%의 세 그룹으로 나누어 평가해야 한다.

A등급의 직원들에게는 엄청난 혜택이 주어지는데, 그들은 B등급의 직원들에 비해 2~3배 이상의 임금을 받는다. 또한 그들에게는 많은 양의 스톡옵션도 부여된다. 이것은 그들을 놓치지 않겠다는 강력한 의지의 표현이다.

이에 비해 B등급의 직원들에게는 그 해의 노고를 치하하는 고정적인 임금인상이 있을 뿐이다. 그러나 GE에서는 B등급의 직원들이 가장 중추적인 역할을 한다. 그들이 존재하지 않는다면 기업은 성과창출은커녕 정상적인 경영조차 할 수 없다. 따라서 이들 중에서도 60~70% 정도는 스톡옵션을 받는다.

마지막으로 C등급의 직원들은 아무런 혜택도 받지 못한다. 잭 웰치는

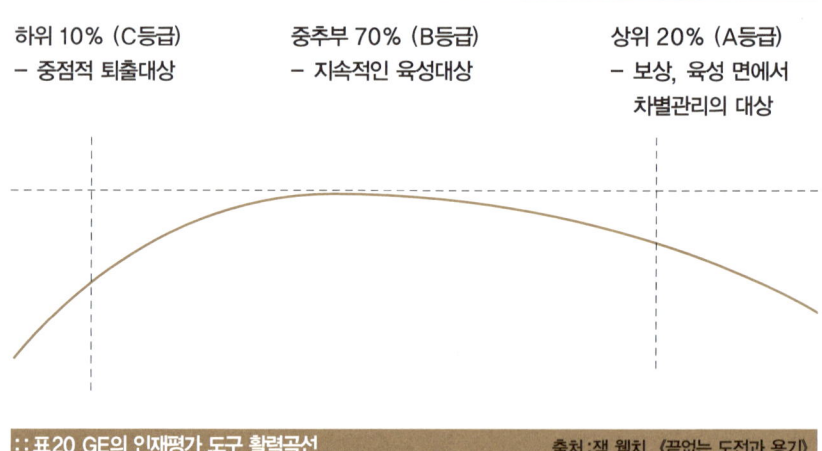

하위 10% (C등급)
– 중점적 퇴출대상

중추부 70% (B등급)
– 지속적인 육성대상

상위 20% (A등급)
– 보상, 육성 면에서
　차별관리의 대상

:: 표20 GE의 인재평가 도구 활력곡선　　　　　출처 :잭 웰치, 《끝없는 도전과 용기》

C등급의 직원들은 맡은 바 업무를 수행할 능력이 없으며, 다른 직원들에게 활력을 주기는커녕 그들의 의욕을 상실시키는 경향이 있다고 생각했다. 하위 10%에 속하는 C등급의 직원들은 매년 회사에서 내보내는 것이 GE의 원칙이다.

인재발굴을 향한
뜨거운 열정,
세션C

    GE는 채용단계에서부터 A급인재를 따로 확보한다. 이른바 '리더십 프로그램Leadership Program'으로 불리는 제도가 그것이다. 리더십 프로그램을 통해 채용되지 않은 외부경력자는 정기적으로 열리는 '세션CSession C'라고 불리는 인사회의를 통해 리더십 프로그램의 대상자로 선발될 수 있다. 세션C를 통해 직원 개인별로 맞춤식 리더십 프로그램이 정해지면 참가자로 확정된 직원은 근무지역에 개설된 해당 프로그램에 참가한다.

    GE는 가치관과 업무성과를 중심으로 직원 개개인의 능력을 평가한 다음, 그 결과를 세션C를 통해 논의하여 각 개인에게 맞는 다양한 인재육성 모델을 적용한다. 세션C에서는 활력곡선을 활용한 인재평가와 인재육성이 중요하게 다루어진다.

많은 기업들은 1년에 한 번꼴로 직원평가를 하지만, GE의 세션C는 1년 내내 계속된다는 것이 특징이다. 매년 4월이 되면 사업부를 대상으로 한 달간의 인사회의(Session C)가 실시된다. 이것이 마무리되면 7월에는 2시간 동안의 화상회의를 통해 인사회의 결과를 점검하고(Session C Follow-Up), 11월에 열리는 2차 인사회의에서는 4월에 상정되었던 인사와 관련된 사안들이 확정된다. 이것이 GE의 공식적인 인사관리 과정이다.

GE의 인사회의 세션C

잭 웰치가 인재발굴에 얼마나 많은 열정을 쏟는지는 GE의 인사회의 과정에 잘 드러나 있다. 그는 재임기간 중에 매년 GE의 인사회의를 직접 주재한 것으로 유명하다. 매년 4월 시작되어 한 달 가까이 진행되는 이 회의는 '세션C'라는 이름으로 잘 알려져 있다. 30만 명이 넘는 직원과 4,000명 이상의 고위 관리자를 거느린 세계적인 기업의 최고경영자로서 한 달이라는 시간을 하나의 활동에 온전히 쏟아붓는 것은 대단한 투자라 할 수 있다. GE와 잭 웰치가 인재를 얼마나 중요하게 여기는지 잘 보여주는 대목이다.

세션C의 목적은 인재들을 평가하고 최고의 비즈니스 리더를 발굴하는 것으로, 모든 사업부를 대상으로 진행된다. 세션C는 4월에 열리지만, 사업부별로는 1월부터 3개월간 철저한 사전 준비 과정을 거친다. 이 회의는 사업부가 위치한 현장의 사무실에서 개최하는 것이 원칙이고 각

사업부마다 하루 정도의 시간을 배정한다. 잭 웰치는 부회장을 비롯한 인사관리 임원들과 함께 각 사업부의 책임자와 리더들을 만나는데, 회의는 아침에 시작하여 하루 종일 진행된다.

　문제는 A급인재와 C급인재를 어떻게 구분할 것인가 하는 점이다. GE의 인재평가 시스템으로는 '나인 블록 매트릭스 9 Block Matrix'가 유명하다. 이는 역량을 가로축으로, 업적 달성도를 세로축으로 하여 각각을 3단계로 구분한 총 9개의 블록에 평가결과를 기입하는 방식이다. 가로축과 세로축은 활력곡선처럼 상위가 20%, 중추부가 70%, 하위가 10%가 되도록 각각 3단계로 나뉜다. 모든 직원들은 역량과 성과평가를 토대로 9개 블록 중에 한 블록에 위치하며, 이는 인사카드에 기재되어 추후에 승진이나 보상과 같은 인사관리의 기준이 된다.

　여기서 짚고 넘어가야 할 것은, GE가 인재를 평가할 때 업적 달성도보다 역량을 더 중요하게 여긴다는 사실이다. 업적 달성도와 역량이 모두 나쁠 경우 역량을 우선으로 하고, 업적 달성도가 아무리 우수한 인재

• EMS : 인사관리 시스템(Employee Management System), Wrap : 평가결과 최종검토

프로세스	360도 평가	EMS	세션C 리뷰	세션C Wrap
주요내용	리더십 평가	성과평가 GE Value (8 Value) 평가	핵심인재 리뷰 핵심인재 이동배치 교육입과자 추천	세션C 계획 임원후보군 토의 교육입과자 선정
대상	간부	사원, 간부, 매니저	간부, 매니저	간부, 매니저

∷ 표21 GE의 핵심인재 선발 프로세스

라 하더라도 조직의 공유가치나 가치관, 도덕적 기준에 따른 평가결과가 나쁠 경우 승진이나 교육대상자에서 제외시킨다.

인재관리 방안을 수립할 때 많은 조직들이 부딪히는 난점은 C급인재를 선별하는 기준을 세우는 일이다. 과거에는 C급인재 선별이 객관적인 기준이나 공개적인 방법이 아닌 비밀스럽고 은밀한 방법으로 이루어지는 경우가 많았다. 하지만 이러한 방법은 법률적 다툼과 당사자의 반발 등 많은 문제를 야기한다.

C급인재를 선별하는 기준은 공정해야 한다. 예를 들어 나인 블록 매트릭스와 같은 평가시스템을 사용할 경우, 평가결과 업적 달성도와 역량이 모두 낮은 조직 구성원이 C급인재 그룹에 속한다. 이 경우 전체 구성원의 5~10% 정도가 C급인재로 분류되는데, 그중 얼마나 많은 구성원을

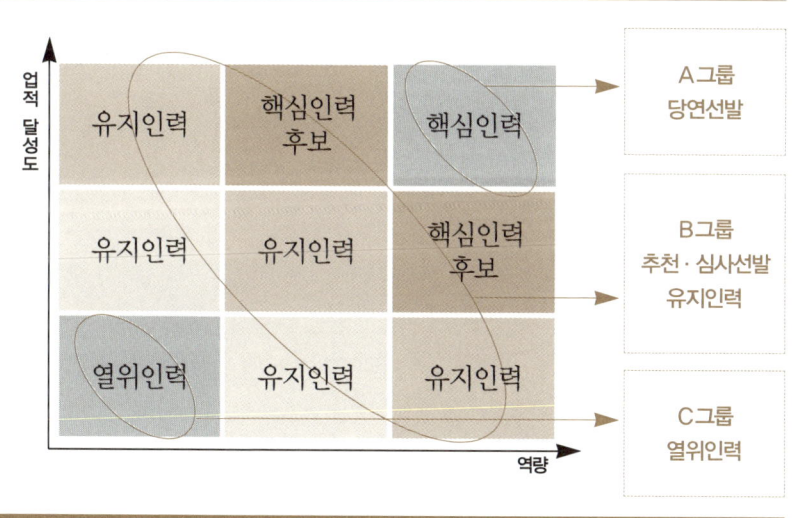

:: 표22 GE의 인사평가 시스템 나인 블록 매트릭스(9 Block Matrix)

퇴출할지는 조직의 인재관리 정책에 따라 달라진다.

평가의 기준은 크게 상대적 기준과 절대적 기준으로 나뉜다. 절대적 기준을 적용하면 역량이나 성과 중 어느 한 가지가 일정 수준 이하인 구성원들이 C급인재로 분류되고, 상대적 기준을 적용하면 전체 구성원 중 다른 구성원들에 비해 역량이나 성과가 뒤처지는 구성원들이 C급인재로 분류된다. C급인재를 선별할 때에는 절대적 기준을 먼저 적용한 후에 상대적 기준의 적용 여부를 고려하는 것이 좋다.

C급인재 관리에 있어 공정성 못지않게 중요한 또 한 가지는 결과의 비공개 원칙이다. 평가결과는 해당 C급인재의 관리자에게만 공개되어야 하며, 해당 C급인재에게는 관리자를 통하여 알려주는 것이 바람직하다. C급인재의 평가결과가 완전히 공개되면 조직 내에서 당사자의 활동이 위축되거나 당사자가 심리적인 충격을 받을 수도 있기 때문이다.

GE 인재육성의 산실, 크로톤빌에서 배울 점

"인재를 확보하고 개발하는 것은 금을 캐는 것과 같다." 처세술의 대가로 손꼽히는 데일 카네기Dale Carnegie는 일찍이 인재경영의 중요성을 간파하고 이와 같이 역설했다. 금광에서 1온스(약 28g)의 금을 얻기 위해서는 수많은 흙을 파내야 하듯이 한 사람의 인재를 얻기 위해선 적지 않은 투자와 인내심이 필요하다는 의미다.

GE는 인재교육에 금전적 투자를 아끼지 않는 기업으로 유명하다. 대개의 기업은 어려움에 처하면 가장 먼저 교육 투자비용부터 줄이게 마련인데, GE는 그렇지 않았다. GE는 글로벌 금융위기로 일부 사업부문이 어려움을 겪는 와중에도 교육비용을 줄이지 않았다. 신사업 추진과 같은 특수한 경우를 제외한 대부분의 인재를 기업 내부에서 길러낸다는 원칙 때문이다.

GE의 회장들은 기업의 가치를 전수하는 인재 사관학교 크로톤빌에 특별한 애정을 갖고 있다. GE의 심장부이자 인재경영의 산실인 크로톤빌은 1956년 랄프 코디너Ralph Cordiner 전 회장에 의해 설립되어 이제 GE만의 독특한 리더십을 전수하는 핵심기지로 자리 잡았다. 이곳에서는 GE의 가치와 책임 강화, 최고의 훈련 공유, 계층을 초월한 교류 등 다양한 훈련이 실시된다. 제프리 이멜트 회장은 1983년 잭 웰치 전 회장이 4,000만 달러 이상의 거금을 투자해 새롭게 태어난 이곳을 매주 한 번씩 꼭 찾아간다.

크로톤빌의 연수과정은 매우 변화무쌍하여 같은 교육내용이 또 나오는 법이 없다. 이는 회장이 직접 후계자를 기른다는 생각으로 계속해서 연구하고 고민하기 때문에 가능한 일이다. 실제로 GE의 회장은 연간 10회 이상 4시간씩 크로톤빌을 방문하여 강의를 진행하고 교육생과 직접 대화를 나누기도 한다.

목표관리(MBO)제도와 스와트(SWOT) 분석, 전략 계획 등 GE가 개발한 경영기법들은 모두 이곳에서 나왔다고 해도 과언이 아니다. 이렇게 직장 내 교육이 형식에 그치지 않고 실무에 즉각적으로 반영됨에 따라 GE는 직원의 사기도 진작되고 조직의 비용도 절감되는 일거양득의 효과를 얻고 있다.

한국에서는 이재용 삼성전자 사장이 전무 시절이던 2002년에 외부 기업인으로서는 이례적으로 고위급 임원을 대상으로 한 리더십 교육 과정 'EDC(Executive Development Course)'에 참여해 주목받기도 했다.

크로톤빌의 임원교육은 기본적으로 오랜 역사를 자랑하는 전통적 체계를 따르지만, 그 외에 새로운 형태의 교육 프로그램들도 탄생하고 있다. 그 대표적인 것이 이멜트 회장이 2006년 개발한 'LIG 프로그램'이다.

'LIG'는 리더십(Leadership), 혁신(Innovation), 성장(Growth)이라는 세 가지 가치를 의미한다. 과거 GE의 연수프로그램이 개인의 역량을 강화하는 것에 초점을 맞춘 데 비해 이 프로그램은 팀 중심의 역량강화에 초점을 두었다. 팀 학습이 최고의 변화를 이끌어낸다는 생각 때문이다. 이 프로그램에 참석한 이들은 팀의 전략적 비전을 조직의 문화와 자원, 그리고 역량에 연결시키는 방법을 배운다. 앞으로 2~3년 후에 팀이 맞닥뜨릴 문제가 무엇인가에 답하면서 경영환경을 파악하고, 팀이 그 환경에 어떻게 대응할 것인지 시나리오를 구상하며 문제를 풀어나간다.

GE는 교육시스템에 IT기술을 적용하는 데에도 매우 적극적이다. 크로톤빌에는 화상회의, 가상협업룸 등이 구축되어 있고, 전자책 단말기도 갖추어져 있어 직원들이 실시간으로 전 세계의 이슈와 뉴스를 접할 수 있다.

제프리 이멜트 회장은 "GE의 유산은 지속적인 학습과 재발명을 기초로 세워졌다."면서 "크로톤빌은 오늘과 내일의 리더들이 그들의 팀과 고객과 세계를 위한 해법을 창조할 수 있도록 힘을 주는 에너지다."라고 강조했다.

인재경영의 산실 크로톤빌의 리더십 교육 프로그램

GE의 리더십 교육은 보통의 직무교육이나 비즈니스 지식교육처럼 누구나 참여할 수 있는 프로그램이 아니다. GE에서는 세션C에서 높은 평가를 받은 직원들만이 리더십 교육에 참여할 수 있다.

그렇다면 GE 리더십 교육의 정수라고 일컬어지는 크로톤빌 연수는 어떻게 이루어질까. GE에서는 상위 20%의 임원들만이 크로톤빌행 티켓을 손에 넣는다. 크로톤빌에서 이루어지는 리더십 교육 프로그램에는 초급 임원들을 위한 'MDC(Manager Development Course)', 중급 임원들을 위한 'BMC(Business Management Course)', 그리고 최고급 임원들을 위한 'EDC(Executive Development Course)'가 있다.

연간 8차례에 걸쳐 열리는 MDC의 목표는 미래 경영자로 분류되는 리더들이 글로벌 차원의 경쟁상황에서 사업을 운영하는 데 필요한 리더십 스킬을 익히도록 하는 것이다. 1년에 3차례 개최되는 BMC는 실제로 사업을 이끌고 있거나 이에 상응하는 업무를 맡고 있는 임원들을 대상으로 하는 교육과정이다. 글로벌 기업답게 전 세계에서의 시장 지향적 전략, 글로벌 리더십 스킬 개발 등에 초점을 맞췄다. 다문화와 사업환경, 글로벌사업 경쟁상황에 대한 분석, 고객 중심전략 개발에 대해서도 훈련받는다.

마지막 EDC는 제프리 이멜트 회장이 직접 참가자를 결정한다. 교육도 1년에 한 번만 열린다. 이 과정에서는 GE가 실제로 수행하게 될 경영 프로젝트를 다룬다. 교육에 참여하는 임원들은 각국에 산재한 GE의 여러 사업부에서 소집된 최고 인재들로, 미국인이 50%를 넘지 않고 그 구성도 다양하다. 여성 임원들도 15% 정도. 이들은 3주 혹은 4주간 업무에서 벗어나 철저히 교육에 집중한다. 임원들의 빈자리를 메우면서 업무를 처리하는 경험도 현장에 있는 차세대 리더들에게 제공하는 또 하나의 리더십 교육이라고 생각하기 때문이다.

출처 : 〈매경이코노미〉, 2010년 6월 2일

제도보다는
실행력이
중요하다

　GE는 높은 잠재력을 보유한 직원들에게 특별한 관심을 쏟는다. 세션C를 통해 잠재력이 크다고 판단된 직원들은 각자 최고경영진으로부터 멘토(Mentor, 지도자)를 배정받는다. 이런 지도 프로그램은 제품을 개발하는 과정과 유사하다. 멘토에 해당하는 최고경영진들은 큰 잠재력을 가진 멘티(Mentee, 지도 대상자)라는 제품을 개발하는 책임을 지게 되는 것이다. 멘토는 자신의 멘티를 A등급 수준으로 끌어올려야 하며, 그렇지 못할 경우엔 새로운 멘티를 찾아야 한다. 멘티는 육성의 성공 정도를 기준으로 자신의 리더십을 평가받는다.

　세션C의 과정을 대략 훑어만 봐도 GE와 잭 웰치가 얼마나 철저하게 인적자원을 평가하고 관리하는지 알 수 있다. 그러나 우리가 GE와 잭 웰치로부터 배워야 할 것은 세션C와 같은 특정한 프로그램이 아니다. 세션 C의 규칙과 프로세스는 어느 기업이라도 도입할 수 있다. 하지만 그저 제도를 모방하는 것만으로는 GE와 잭 웰치가 이뤄낸 만큼의 성과를 거둘 수 없다.

중요한 것은, 잭 웰치가 그랬듯이 인재육성의 중요성을 공감하고 이에 많은 시간과 정성을 쏟아야 한다는 점이다. 아무리 뛰어난 제도가 도입된다고 해도 조직의 리더가 결단력 있는 리더십으로 실행하지 못한다면 엉망으로 운영될 수밖에 없다. 위대한 리더들은 평범한 사람들에게서 탁월한 성과를 이끌어내 그들을 평균 이상의 인재로 만들어왔다는 사실을 우리는 기억해야 한다.

모든 제도가 그렇겠지만, 특히 C급인재 관리제도의 성공은 지속적인 실행력에 달려 있다. C급인재에 대한 관리원칙은 일단 수립했으면 어떤 어려움이나 시련이 닥쳐도 실행해야 한다. 또한, 퇴출제도를 시행할 때는 그것이 명확한 원칙 없는 미봉책에 그치지 않도록 하는 것이 중요하다.

GE의 하위 10% 퇴출방안이 시행되던 초기에는 인원수를 채워야 한다는 압박감 때문에 형식적으로 명단을 작성하기도 했다. 시행된 지 3년째 되던 해에는 이직 예정이었던 직원이나 평가 2주 전에 사망한 직원의 이름까지도 하위 10% 명단에 들어갔다고 한다. 그러나 잭 웰치는 포기하지 않고 엄정한 기준에 의거한 제대로 된 명단을 끊임없이 요구했다. 그 결과 하위 10% 퇴출방안은 정상적으로 운영될 수 있었고, 마침내 GE의 대표적인 인사정책으로 자리 잡았다.

무엇이 삼성을
초일류로
만들었나

확 달라진
삼성의
위상

"당신들 왜 또 오느냐? 우린 더 이상 줄 것도 없는데."라는 말은 최근 이슈가 되고 있는 A급인재 관리나 성과주의 인사제도 등을 벤치마킹하기 위해 삼성경제연구소가 해외 선진기업들을 방문했을 때 자주 나오는 말이라고 한다.

외환위기 이전만 해도 삼성은 경영혁신을 추진하거나 새로운 인사제도를 도입하기 전에 먼저 일본기업들의 사례를 완벽하게 공부했고, 미국이나 유럽 등의 해외 선진 기업들을 반드시 방문하여 벤치마킹하거나 연수를 받기도 했다. 그때마다 그런 기업들에게 높은 비용을 지불하거나 사정하다시피 했던 것이 사실이다. 그런데 요즘은 삼성 사람들이 해외 기업에 벤치마킹을 하러 가면 예전과 전혀 다른 대우를 받는다고 한다. 커다란 플래카드가 걸리는가 하면 내로라하는 고위층 인사들이 그들을 환영하기 위해 미리부터 마중을 나오기도 한다는 것이다.

삼성은 이제 한국을 넘어 세계 초일류기업으로 인정받고 있다. 과거 국내외의 수많은 기업들이 '도요타 배우기'에 열중했듯이 이제 우리 기업들은 물론 해외 유수의 기업들도 앞다투어 '삼성 배우기'에 열심이다.

삼성전자의 경우, 전자제품 분야의 세계 1등 기업으로 각종 글로벌 기업들의 연구대상이 되면서 소니, 도요타, GE와 같은 초일류기업들이 삼성전자의 인사제도나 경영법을 배우기 위해 한국을 방문하고 있다.

최근 미국 라스베이거스에서 열린 세계 최대의 가전전시회 'CES 2011'은 삼성전자와 LG전자에 밀린 일본기업들에게 반성의 계기가 되었다. 일본 굴지의 전기기기 제조기업 도시바Toshiba의 한 관계자는 "우리는 몇 년 전만 해도 삼성전자의 전시장을 득의만만한 표정으로 내려다보면서 그냥 지나쳤다. 하지만 삼성전자의 전시장은 해를 거듭할수록 더욱 매력적인 모습으로 변했고, 제품의 품질은 높아졌으며, 가격 경쟁력은 필적하기조차 어려울 정도가 돼버렸다."라고 말했다.

세계적인 브랜딩 전문 업체 인터브랜드Interbrand가 발표한 2006년 세계 100대 브랜드 순위에서 삼성전자의 브랜드가치(161억 달러, 20위)는 소니(116억 달러, 26위)를 뛰어넘어 세상을 놀라게 했다. 2010년 발표에서는 삼성전자의 브랜드가치가 전년도보다 11% 증가한 194억 9,100만 달러로 19위를 차지한 반면, 가전왕국의 대명사로 불리던 소니는 34위, 파나소닉Panasonic은 73위에 그쳤다.

이러한 평가결과는 화려한 실적으로 증명되고 있다. 2010년, 삼성전자는 자사의 최고실적기록을 갈아치우며 명실상부한 세계 최대 전자제품 업체로서 위상을 굳혔다. 전년도에 비해 매출은 13.4%, 영업이익은 58.3% 늘어, 창립 이래 최대 실적을 올렸던 2009년보다도 훨씬 높은 실적을 기록했다. 이는 세계 최대의 컴퓨터 장비 업체로 군림해온 미국 HP가 같은 기간에 기록한 실적을 넘어서는 규모다. "이제 삼성전자는 세계의 전자제품 기업들 중 최고의 실적을 달성하면서 명실상부한 글로벌 기업으로 성장했다."라는 최지성 부회장의 말이 현실로 입증된 셈이다.

일본이 바라보는 삼성전자

일본의 경제주간지 〈다이아몬드〉는 2011년 2월 '소니·파나소닉 대 삼성'이라는 특집기사에서 소니와 삼성이 과장 승진의 기준으로 잡은 토익점수를 비교했다. 소니는 직원들의 영어실력 향상을 위해, 토익 650점 이상을 받아야 관리직(과장)에 승진할 수 있도록 4월부터 인사규정을 바꿀 예정이라고 했다.

이 기사는, 그러나 삼성의 글로벌화 수준은 소니를 압도한다고 지적했다. 삼성은 이미 2005년부터 신입사원은 900점, 기존사원은 800점 이상의 토익 점수를 받도록 하고 있다. 삼성 내에서 우수 인재로 꼽히는 'A급 사원'이 되려면 토익 점수를 최소한 920점은 받아야 한다.

A급 사원이 되지 못하면 과장으로 승진하기 어렵다는 사실로 미루어 볼 때, 삼성전자에서 과장으로 승진하는 데 필요한 토익 점수는 최저

920점으로 볼 수 있다.

2009년 기록에 의하면, 한때 일본의 전자제품 시장을 호령하던 9대 기업들의 이익을 모두 합한 액수가 삼성전자 하나의 이익보다 적었다. 소니나 파나소닉이 한국의 삼성전자에 지고 있는 이유는 바로 과장 승진 토익 점수에 숨어 있다고 이 기사는 결론지었다.

이 기사가 주목한 또 한 가지는 바로 삼성의 신상필벌信賞必罰 인사제도다. "삼성은 임원부터 평사원에 이르기까지 직급을 불문하고 모두에게 구체적이고 높은 목표를 제시하고, 이를 달성하지 못하는 자는 좌천 또는 해고시키는 것이 다반사다. 철저한 실력주의만이 통하는 삼성에는 파벌도, 학벌도, 노조도 없다."라고 소개했다.

직급별로 급여의 격차가 큰 것도 삼성이 가진 또 하나의 특징이다. 삼성전자에 근무하는 평사원의 연봉은 2,600만~3,900만 원이지만 이들이 부장으로 승진하면 연봉은 9,100만~1억 400만 원으로 세 배 이상 뛴다. 임원은 2억 6,000만 원 이상, 등기이사는 130억 원 이상으로, 직급이 오를수록 급여는 가파르게 오른다. 이런 '상후하박上厚下薄'의 임금구조가 임직원들의 성취동기를 유발한다는 것이 그 이유다.

또, 삼성은 일본의 기술자들도 공격적으로 채용하여 현재 약 500명의 소니 출신 엔지니어들이 삼성에서 일하고 있다.

기사는 삼성의 인사제도를 확 바꿔놓은 주인공이 바로 이건희 회장이라며, 인재경영에 대한 그의 집착이 삼성을 '한국 최대의 인재그룹'의 위치에 올려놓았다고 전했다.

삼성
신경영
파워 업그레이드

　이건희 회장은 1987년 취임당시부터 인재경영의 중요성을 계속해서 강조해왔다. 그러나 이런 의지가 현장에서 본격적으로 실현되기 시작한 것은 삼성의 '신新경영' 전략이 추진되면서부터다.

　1993년 이건희 회장은 "자식과 마누라를 빼고는 다 바꾸자."는 신경영의 요지를 발표하면서 삼성을 세계적인 기업으로 발전시키기 위해 제품과 서비스는 물론 경영의 질, 사람의 질을 과감하게 바꾸라고 강력히 요구했다.

　그는 회장에 취임하자마자 사람에 대한 혁신을 강조했지만, 각 계열사의 사장들은 당장 눈앞에 이익을 가져다주지 않는 인재경영에 투자하기를 꺼렸다. 그러나 신경영 전략이 추진되면서 삼성 전체가 혁신의 가속

페달을 밟게 되었고, 인재경영에 대한 아낌없는 투자는 가시적인 성과로 돌아왔다.

'7·4제'는 삼성 신경영의 시작을 알리는 신호탄이었다. 이는 말 그대로 아침 7시에 출근해서 오후 4시에 퇴근하는 제도다. 직원들에게는 이 제도가 워낙 충격적인 터라, 많은 직원들이 '7시에 출근해서 죽기살기로 일한다'는 의미에서 '4'를 '죽을 사死' 자로 표현하며 빈정거리기도 했다. 그러나 7·4제의 본질은 출퇴근 시각에 있는 것이 아니었다. 이 제도는 직원들의 본질적 변화를 도모하기 위한 하나의 충격요법이었다. 7·4제 자체가 직원들을 쫓아다니는 '메기'가 되었던 것이다.

이건희 회장은 인사제도와 인재경영 부문에 대해서도 강도 높은 변화와 개혁을 요구했다. 삼성에서도 성과주의가 운영되지 않은 것은 아니었으나, 당시 삼성의 인사제도는 연공서열 제도를 기본으로 하고 있었고, 따라서 타 기업에 비해 매우 보수적일 수밖에 없었다.

하지만 신경영 전략이 실시되면서 연공서열 제도가 철폐되고 광범위한 '인사파괴'가 시작되어 상무가 전무를 건너뛰어 바로 부사장이 되는 등 과감한 발탁인사가 이루어졌다. 또한 성과급제도 확대, 연봉제 도입 등으로 성과중심의 인사제도가 강화되면서 인사제도의 패러다임에 폭발적인 변화가 일기 시작했다. 성차별이나 학력차별 문제도 검토되어 제도가 개선되었다. 전문 여성인력의 확대 또한 활발히 이루어져 이때 처음으로 여성임원도 탄생했다.

지역전문가 제도 또한 신경영 전략에 의해 탄생한 여러 파격적 제도

중 하나다. 이는 전 세계 여러 지역에 각 지역을 담당하는 전문가를 파견해 현지의 사정을 상세히 파악하도록 하는 제도다. 이건희 회장은 취임과 동시에 이 제도를 추진하려고 했으나 곧바로 많은 반대에 부딪혔다. 지역전문가를 파견하는 데에는 1인당 2억 원 이상의 비용이 소요된다. 따라서 한 회사에서 100명을 파견하려고 하면 200억 원 이상의 높은 비용이 필요하기 때문에 이를 실행하는 것은 결코 쉬운 일이 아니었다.

그러나 신경영 전략이 과감히 추진되고 기업의 목표가 점차 명확해지면서 다수의 지역전문가들이 각지로 파견되기 시작했다. 2010년까지 64개국에 약 5,000명의 지역전문가가 파견되었고, 이들이 주축이 되어 삼성의 세계화를 구현해나가고 있다. 예를 들어 현재 삼성은 중국에 50개 이상의 공장과 사무소를 보유하고 있는데, 현지의 핵심요원들은 주로 그당시에 파견되었던 지역전문가들로 구성된다.

삼성의 신경영 전략은 거기서 멈추지 않았다. 신경영 출범 10주년을 맞은 2003년 6월, 이건희 회장은 10년 후 미래를 대비하기 위해 '천재 키우기'에 주력한다는 내용을 담은 '제2의 신경영' 전략을 발표해 많은 사람들 사이에서 화제가 되었다. 이는 지금으로부터 2~3세기 전에는 10~20만명이 소수의 군주와 왕족을 먹여 살렸지만, 현대사회에서는 단 한 명의천재가 10~20만 명을 먹여 살린다는 얘기다. 천재급 인재가 개발한 소프트웨어 하나면 기업은 1년에 수십억 달러의 거금을 간단히 벌어들이고수십만 명에게 일자리를 제공할 수도 있다. 기업 간의 경쟁이 치열해지고 시장의 불확실성이 점점 커져가는 미래에 기업의 생존을 보장하는 길은 인재양성뿐이라는 것이 이건희 회장의 강한 신념이다.

아무리 전략을 바꾸고 프로세스를 바꿔도 사람이 바뀌지 않으면 조직은 발전할 수 없다. 삼성은 수많은 연구와 검토 끝에 국내 최초로 조직과 직급을 파괴하는 과감한 경영방침을 추진했다. 이는 기업 전체의 인력구조를 변화시키는 하나의 충격요법으로 작용했는데, 이것이 바로 '인사파괴'다. 이런 인사파괴 경향은 신경영 전략이 추진되면서 점차 가속되었고, 외환위기를 맞아 획기적으로 강화되었다.

삼성의 인사파괴 제도는 기존의 위계질서를 타파하는 신분질서의 재정립과정이며, 모든 것을 백지상태로 돌린 채 오로지 성과와 능력만으로 평가하고 관리하는 성과주의 인사제도로의 대전환이다. 삼성은 연공서열 제도를 과감히 폐기함으로써 성과주의 인사의 걸림돌을 제거할 수 있었으며, 인력 유동성이 심화되고 평생직업이 강조되는 시대적 상황에 발맞출 수 있었다. 이는 '사람이 중심'이 아닌 '일이 중심'이 되는 조직으로 거듭나기 위해 내디딘 당찬 발걸음이었다.

구분	주요내용
직급서열의 파괴	· 연공서열에 따른 정상적 승진절차를 무시하고 직급을 초월한 발탁인사
급여의 파괴	· 개인의 시장가치, 성과, 공헌도에 따라 차별화된 연봉과 인센티브 지급, 동료 간의 급여 차 확대 · 부하와 상사의 급여역전 현상 속출
호칭의 파괴	· 직급은 두되 호칭을 제거함으로써 위계적인 조직 분위기 해소 · 임원부터 평사원에 이르기까지 이름 뒤에 '님' 또는 '프로'자만 붙여서 호칭
직급단계의 파괴	· 조직 내의 역할에 따라 직급을 9단계에서 4단계로 축소 · 임원계층도 상무, 전무, 부사장, 사장의 4단계로 축소

::표23 삼성 인사파괴의 주요내용

삼성
인재경영의
기본원칙

세계적인 권위를 자랑하는 경영지 〈하버드 비즈니스 리뷰〉는 2011년 7월호 기사에서 글로벌 삼류기업에서 초일류기업으로 급성장한 삼성의 성공비결을 소개했다. 〈하버드 비즈니스 리뷰〉에 한국기업의 상세한 경영 스토리가 실린 것은 처음 있는 일이었다.

기사는 삼성의 성공요인을 세 가지로 분석했는데, 그중에서도 일본과 미국의 경영방식을 융합한 '하이브리드 경영시스템' 구축을 가장 큰 성공요인으로 꼽았다. 기사는 "삼성은 전통적으로 일본식 경영시스템을 채용했으나 1993년 이건희 회장이 신경영 전략을 추진한 이후 미국식 경영시스템을 접목하면서 두 시스템의 장점을 결합한 삼성 특유의 경영시스템을 만들어냈다"고 지적했다.

신경영 전략이 추진되기 전까지만 해도 삼성의 인사제도는 일본의 종신고용제나 연공서열제와 거의 유사한 형태로 운영되었다. 하지만 지금의 삼성을 움직이는 인사제도의 핵심원리는 '경쟁'과 '보상'이다. 외환위기 이후 삼성에서 가장 크게 바뀐 것이 있다면 그것은 바로 조직 내부의 문화다. 삼성의 조직문화는 철저한 경쟁원리에 기초한다. 삼성은 모든 일에 있어 경쟁을 가장 우선시한다. 그리고 그 결과에 따라 파격적인 보상을 제공한다. 이를 뒷받침하기 위해 철저한 평가시스템과 목표관리제도, 그리고 인재육성 시스템을 마련해두었음은 물론이다.

경쟁을 좋아하는 사람은 별로 없다. 그러나 경쟁을 포기하면 마음은 편하고 넉넉해질지 몰라도 나중에 겪게 될 결과는 전혀 다를 것이다. 그래서 이건희 회장은 자신이 주창한 '메기론'을 기회가 있을 때마다 강조하곤 했다.

이건희 회장이 취임한 후로, 고 이병철 회장이 인사철학으로 삼았던 것보다 훨씬 서구적인 인사제도가 삼성에 정착되었다. 이런 인사제도의 원칙을 몇 가지로 요약하면 다음과 같다.

1. 의인불용 용인불의 疑人不用 用人不疑

고 이병철 회장의 '의인불용 용인불의' 원칙은 후계자 이건희 회장에게도 고스란히 전해졌다. 이 말은 중국 원나라의 사서史書 중 하나인 《송사宋史》에서 나온 것으로, '믿지 못할 사람은 쓰지 말고, 일단 쓴 사람은 의심하지 말라'는 뜻이다. 이건희 회장은 일단 쓰기로 마음먹고 과제를 주기로 하면 '믿고 맡기는' 스타일로 유명하다.

그래서 다른 기업과 달리 삼성의 임원인사는 1년에 딱 한 번, 연초에 하는 것이 원칙이다. 예기치 않은 사고나 부정부패와 같은 특별한 경우가 아니면 추가로 인사조치를 하지 않는다. 임원들은 매년 연말이 되면 경영성적표를 기초로 한 엄정한 심사를 통해 등급별로 분류되고, 그들에 대한 인사조치는 이 결과에 의해 정해진다. 그래서인지 그들 사이에서는 "연말만 되면 소화가 안 돼서 위장병에 걸린다."라는 말이 농담처럼 오가기도 한다.

삼성의 인재들은 이렇게 철저한 평가시스템을 통해 분류되지만, 이건희 회장은 실패했다고 해서 무조건 사람을 버리는 것은 인재를 잃는 길이라고 생각한다. 새로운 것에 과감히 도전하는 과정에서 겪는 실패는 소중한 경험과 자산이 될 수 있으므로 그런 사람은 오히려 격려받아야 한다는 뜻이다. 그러나 그는 같은 실패를 반복하거나 실패를 만회하기 위해 노력하지 않는 사람에게는 굉장히 냉혹하고 엄격한 조치를 내린다.

2. '메기론'에 의한 경쟁원리

앞에서 이야기한 '메기론'은 삼성 인재경영의 핵심원칙이다. 이건희 회장은 취임 직후부터 이를 조직에 적용할 것을 강조하였다. 강의할 때마다 항상 빠뜨리지 않고 '메기론'을 언급할 정도였다.

건전한 경쟁은 개인과 조직에 활력을 불어넣고 적절한 긴장감을 조성한다. 또한 적절한 긴장감은 물고기들을 팔딱팔딱 살아 움직이게 하는 메기와 같은 역할을 한다. 이러한 건전한 경쟁원리가 바로 삼성 인재경영의 근간이다.

경쟁이 즐거운 조직이야말로 지속적인 성장과 발전이라는 풍요를 누릴 수 있다. 이러한 건전한 경쟁풍토 속에서 최선을 다해 일하고, 공정하게 평가받을 때 개인은 물론 조직과 사회 전체의 건강한 생명력은 유지된다. 안락함 속에는 위험이 도사리고 있다. 경쟁의 원리를 배척하고 무사안일 주의에 빠져드는 조직은 안락함의 덫에 걸려 헤어나기 어렵다.

3. 아우토반식 보상제도

차의 성능에 따라 무제한의 속도를 낼 수 있는 도로가 바로 독일의 아우토반Autobahn이다. 삼성은 독일의 아우토반처럼 개인의 성과와 역량에 따라 '승진속도'를 무제한으로 낼 수 있는 최첨단 인사관리 시스템을 구비해두었다.

20년 전만 해도 세계무대에서 평범한 기업에 불과했던 삼성은 그러한 파격적인 차별화를 통해 세계 1등 기업으로 다시 태어났다. 철저한 목표관리제도와 엄정한 평가를 통해 구성원들을 납득시킬 수만 있다면 이만큼 효과적인 인사관리 시스템도 없을 것이다.

삼성 사람들은 그런 '이유 있는 차별'에 대해 전혀 불평불만하지 않는다. 이유 있는 차별은 구성원 간의 건전한 경쟁심을 불러일으키고 창의적인 도전정신을 자극한다는 사실을 잘 알기 때문이다.

4. 장기가 아닌 바둑식 조직관리

장기는 한마디로 상대방의 왕(宮)을 쓰러뜨리는 경기다. 부하들이 전부 살아 있어도 왕이 죽으면 게임은 패배로 끝난다. 거꾸로 부하들이 전

멸해버려도 왕 혼자만 끝까지 살아남으면 승리한다. 그러나 바둑의 패러다임은 이와 전혀 다르다.

바둑은 장기와 달리 말의 크기도 모두 동일하고 움직이는 방식도 자유자재다. 바둑알에는 왕도 없고 부하도 없다. 그저 다 같은 검은 돌과 흰 돌이 있을 뿐이다. 그런데도 바둑판 위에서는 온갖 신기한 일이 다 일어난다. 멀쩡히 살아 있던 말이 어느새 죽는가 하면 이미 죽었던 말이 되살아나기도 한다.

오늘날 삼성을 비롯한 많은 선진기업들은 급변하는 세계의 경영환경 속에서 조직의 운영방식을 권위적인 '장기식'에서 혁신적인 '바둑식'으로 바꾸고 있다. 과거의 삼성이 '관리의 삼성'으로 불렸다면, 지금의 삼성은 해외 언론으로부터 '스피드의 삼성'으로 평가받는다. 직급을 과감하게 파괴하여 '스피드' 높은 승진의 길을 열고, 팀제team制 등을 통해 거대한 조직을 단순화함으로써 조직 구성원들이 주인의식을 가지고 움직이도록 하고 있는 것이다.

5. '보이지 않는 손'에 의한 출구관리

많은 조직들이 새로운 구성원을 받아들이는 입구는 잘 관리하면서도 내보내는 출구는 제대로 관리하지 못하고 있다. 사람을 뽑는 채용절차는 잘 구비된 반면, 경쟁력이 떨어지는 사람을 내보내기 위한 제도는 미비한 실정이다. 그에 비해 삼성은 많은 연구와 검증을 거쳐 효과적인 출구관리 제도를 갖추었는데, 그것은 바로 '보이지 않는 손'에 의한 '버스기사식' 조직관리다.

사람을 내보내는 출구가 언제나 열려 있다는 것은 다른 기업과 비교할 수 없는 삼성의 큰 강점이다. '경쟁을 통해 탈락시켜라'라는 원칙이 확실하다 보니 삼성에서는 많은 사람들이 퇴출당해도 별다른 잡음이 일어나지 않는다.

아시아경제신문사 신현만 대표는 자신의 책《대한민국 인재사관학교》에서 이러한 제도를 버스기사에 비유했다. 사람을 가득 실은 버스가 종착역까지 그대로 가면 손님은 한 명도 바뀌지 않고, 새로운 사람들을 태울 수도 없다. 만원버스에 사람들을 태우려면 버스기사는 같은 수의 사람들을 버스에서 내리게 해야 한다.

GE 또한 이러한 방식의 출구관리로 유명하다. GE는 평사원부터 고위급 임원까지 직급에 관계없이 매년 10%의 인원을 내보내고 그 자리를 새로운 사람으로 채우고 있다.

구분	핵심 내용	주요 원칙 비유
인사철학	조직과 시스템	의인불용 용인불의
조직문화	경쟁과 보상	메기론에 의한 경쟁원리
보상제도	능위공록能位功祿	능력은 승진, 업적은 금전으로 철저하게 차등 보상 (아우토반식)
인력관리	A급인재 경영	조직의 스피드 강화 (바둑식 조직)
조직관리	입구와 출구관리	보이지 않는 손 (버스기사식)

::표24 삼성의 인재경영 기본원칙

A급인재,
삼성처럼
관리하라

삼성은 왜
A급인재를
탐하는가

삼성이 이건희 회장을 필두로 A급인재를 대거 확보하기 시작한 것은 1993년이지만, 천재급 인재의 중요성을 강조하고 '천재경영'에 박차를 가한 것은 2003년부터다. 10년 후 미래를 대비하기 위해 A급인재 키우기에 나선 것이다. 이러한 삼성 A급인재 경영의 역사는 이건희 회장이 취임한 1987년으로 거슬러 올라간다. 초기에는 그의 혁신적인 경영방침이 계열사들의 선입견에 눌려 제대로 실행되지 못했다. 그러나 이건희 회장은 이를 무릅쓰고 1993년에 드디어 신경영 전략을 발표했다. 그리고 A급인재가 확보되어 있지 않은 관계사의 사장들을 질타하며 A급인재 경영의 중요성을 본격적으로 설파하기 시작했다.

20년 전, 이건희 회장은 임원들에게 일본 NHK 방송국 다큐멘터리

'비단잉어사'의 녹화 테이프를 보여주며 배울 점을 찾도록 지시했다. 이는 비단잉어를 키우는 비단잉어사가 한 마리의 화려한 비단잉어를 얻기 위해 헤쳐나가는 집념 어린 과정을 담은 프로그램이다. 비단잉어사는 단한 마리의 비단잉어를 얻기 위해 99만 9,999마리의 잉어를 버려야 한다. 100만 마리나 되는 잉어 중 오직 한 마리만이 화려한 비단잉어로 다시 태어날 수 있는 것이다.

A급인재를 찾는 것도 이와 같다. '사람은 많은데 쓸 만한 인재는 없다.'라는 말처럼 A급인재를 찾는 것은 100만 마리의 비단잉어 중 한 마리를 선별하는 것만큼이나 어려운 일이다.

A급인재를 영입하는 데에는 그의 장남이자 후계자인 이재용 삼성전자 상무도 결코 뒤지지 않는다. 삼성 본관 건물 25층에 자리 잡은 그의 사무실에는 '삼고초려三顧草廬'라는 문구가 걸려 있다. 이는 중국 구한말 시대에 유비가 제갈량이라는 천재급 인재 한 명을 얻기 위해 삼고초려의 노력을 기울였듯이 자신도 최고의 인재를 얻기 위해 최선의 노력을 다하겠다는 의지의 표현이다.

삼성뿐 아니라 모든 기업에게 A급인재 확보는 절체절명의 과제다. 글로벌 IT 기업 마이크로소프트의 설립자 빌 게이츠Bill Gates는 인재가 있는 곳이라면 어디든지 전용기를 타고 날아간다. 대만 정부는 신주공업단지를 조성하면서 베벌리힐스Beverly Hills만큼이나 호화로운 주택가와 외국인 학교를 구비하고 해외의 최고급 인재를 영입하고 있다. '천재 모셔오기'에 대한 기업 간의 경쟁은 이처럼 날이 갈수록 치열해지고 있다.

삼성 급성장의 주역,
S급 인재는
누구인가

　2010년, 일본 경제지 〈프레지던트President〉는 '왜 삼성은 일본의 전자제품 기업들을 넘어서는가'라는 제목의 기사를 통해 세계적인 경제위기 속에서도 전자제품 업계의 선두를 달리고 있는 삼성전자의 성공비결을 상세히 분석했다. 기사는 삼성의 성공비결이 발 빠른 의사결정능력에 있다고 결론지으며 삼성의 혁신적인 변화상을 서술했다. 기사에 따르면 삼성전자의 2009년 영업이익은 10조 원을 넘어섰고, 이는 소니, 파나소닉, 도시바 등 일본 전자제품 업계를 주름잡고 있는 9개 기업의 영업이익을 모두 합친 8조 7,000억 원보다 많은 것이었다.

　이어 일본의 경제 전문가들이 말하는 삼성의 성공비결로 '집중 투자 전략'을 지목하며, 삼성은 미래에 높은 성장을 보이리라고 예상되는 분야에 거액의 자금과 최고급의 인재들을 아낌없이 투입해왔다고 말했다.

삼성은 A급인재들을 S(Super)급과 A(Ace)급, 그리고 H(High potential)급의 세 등급으로 나누어 관리하고 있다. S급은 말 그대로 가장 뛰어난(Super) 성과를 올리는 인재를 뜻하며 A급은 S급보다는 못하지만 뛰어난 성과와 능력을 보여주는 인재를 말한다. H급은 현재 성과가 매우 뛰어나지는 않지만 높은 잠재력(High potential)을 지닌 인재를 일컫는다. 이는 GE가 소수의 인재들을 '하이포텐셜 High potential'이라 부르며 따로 관리한 데서 유래한다. 삼성에는 S급임원만 500명가량이나 있으며 그들은 직급이 같은 다른 임원보다 3배나 많은 연봉을 받는다. 외국인 S급인재들을 위해서는 그들이 불편을 겪지 않도록 도와주는 '전담 도우미(Global Help Desk)' 체제를 운영 중이다.

이건희 회장이 인재경영에 온 힘을 쏟겠다고 천명한 만큼 삼성그룹 내에는 국내뿐 아니라 해외에서도 알아주는 인재들이 다수 포진해 있다. 그는 아직 빌 게이츠급 천재는 삼성 내에 없다고 생각하면서도 '삼성 펠로우 fellow'로 선임된 인재민큼은 준천재급 인새로 인성한다.

2002년부터 시작된 '삼성 펠로우' 제도는 세계 최고의 기술력으로 삼성을 대표할만한 인재들을 선정해 대내외적으로 알리는 제도다. 삼성 펠로우에 선임되면 독자적인 연구팀을 구성해 자기만의 프로젝트를 운영할 수 있으며, 회사의 아낌없는 지원도 받을 수 있다. 이는 수많은 연구개발 엔지니어들이 꿈꾸는 최고의 영예로 손꼽힌다. 남들은 아무리 번뜩이는 아이디어가 있어도 기업의 정책에 묶여 실행해볼 엄두조차 못 내는 일이 다반사인데, 회사 돈으로 내가 하고 싶은 연구를 마음껏 할 수 있다니, 어느 누가 이런 자리를 마다하겠는가!

삼성전자에는 박사급 인력만 3,000명이 넘는다. 이는 국내에서 박사학위 소지자가 가장 많다는 서울대학교의 2,800명보다도 많은 수다. 또한 삼성전자는 생산기능직을 제외한 전 임직원 가운데 25%가 석사 또는 박사 학위 소유자로, 가히 서울대학교를 능가하는 한국 최대의 고학력 인재 풀Pool이라 할만하다.

삼성은 얼마 전까지만 해도 전자나 통신 분야의 계열사들이 주축이 되어 S급인재를 영입했지만, 이제는 거의 모든 계열사들이 S급인재를 영입하는 추세다. 이런 S급인재들의 공통점은 해외 명문대에서 석·박사 과정을 마쳤거나 상위 1~2% 이내의 성적을 올린 초고학력 인재들이라는 것이다. 그중에는 경영학 석사(MBA) 학위를 받은 사람도 많다. 이들은 대부분 외국계 대기업이나 연구소 등에서 임원급 이상의 지위에 있으면서 100만 달러 이상의 연봉을 챙기던 최고급 인재들이다. 연령대는 주로 30대에서 50대 사이이며 그중 40대가 많은 편이다. 또한 이들 중에는 서너 가지 이상의 언어를 구사하는 이들도 많다. 그들은 세계 어디를 가더라도 최고의 인재가 될만한 충분한 자질을 갖추었다.

삼성은 이처럼 업종과 국경을 넘어선 초고급 인재 확보에 전력을 다하고 있다. 이른바 '인재전쟁의 시대'가 닥쳐온 것이다. 이제 기업은 물론 국가의 장래도 우수인력 확보 여부에 달려 있다.

삼성에서
A급인재가
되려면?

경영환경의 변화가 격심한 요즘 시대에 비전과 열정, 그리고 뛰어난 역량을 지닌 소수정예 인재를 확보하는 것은 선택이 아닌 필수다. A급인재란 업무의 전문성과 열의를 가지고 조직의 혁신을 주도하여 새로운 가치를 창출하는 소위 '능력자'를 말한다.

머릿수보다 정예부대의 전력이 전쟁의 승패를 좌우한다는 사실은 수많은 역사적 사건 속에서도 찾아볼 수 있다. 고대 로마제국의 중갑보병, 나폴레옹의 근위병, 미 해군 특수부대 네이비실Navy Seal 등 막강한 전력과 희생정신을 갖춘 정예부대가 국가를 위기에서 구해낸 사례는 일일이 언급하기 힘들 정도다.

이러한 A급인재를 확보하기 위해서는 각 조직의 가치관에 부합하는

A급인재의 기준을 먼저 정해야 한다. 그렇다면 과연 A급인재가 되기 위한 조건에는 무엇이 있을까.

과거에는 실적만 잘 내도 좋은 인재로 인정받았지만, 산업구조가 날로 복잡해지고 소통의 중요성이 강조되면서 전문성만 좋은 사람들은 점점 설 자리가 없어지는 형세다. 이제 A급인재가 되기 위해서는 업무역량과 함께 도덕성, 인간적 매력 등의 인품을 동시에 갖춰야 한다. 최고의 실적을 올리는 인재라고 해도 인품이나 가치관에 문제가 있다면 장기적으로 조직의 경쟁력에 마이너스 요소라는 시각은 이미 보편화되었다.

조직이 처한 상황을 면밀히 파악하여 자신의 능력을 그에 맞게 운용할 줄 아는 지혜와 실천력 또한 A급인재의 필수요건이다. 아무리 우수한 자질을 갖고 있더라도 조직 내에서 이를 실제적인 가치창출과 연결시키지 못한다면 의미가 없다.

이와 같은 흐름을 기본으로 하여 각 조직의 특성과 가치관에 맞는 독특한 요건을 정하는 것은 조직 경쟁력 확보의 출발점이다. 삼성이 제시하는 A급인재가 되기 위한 조건은 다음과 같다.

	자질	실천
업무	전문성 · 제품, 기술, 시장관련 전문지식 보유	변화주도 · 조직의 관성을 타파하고 열정적인 에너지로 신가치 창출
인성	도덕성 · 올바른 가치관 확립 · 조직과 고객에 대한 투철한 사명감	인간미 · 사람이 따르고 운이 따르는 인재

:: 표25 삼성 A급인재의 조건　　　　　　　　　　　　　　　출처 : 삼성경제연구소

전용기도 띄우는
삼성의 인재욕심을
배워라

삼성은 해외의 인재를 채용할 때 그 인재가 있는 나라로 가서 직접 면접을 실시하는 국내 최초의 기업이다. 삼성은 1999년부터 미국의 석·박사 인재 확보를 위해 별도의 프로젝트 팀을 구성하여 상반기와 하반기에 각 1회씩 미국의 일류대학을 직접 방문해 설명회를 개최하고 있다. 방문하는 대학의 수만도 무려 50여 개.

필요할 때에는 태스크포스 임원 1명, 연락담당 1명, 기술수석 2명 등 4명으로 구성된 3개의 팀이 각각 미국 동부와 중부, 서부로 최고급 한국인 인재를 발굴하기 위해 떠나기도 한다. 동부 팀은 뉴욕, 중부 팀은 시카고, 서부 팀은 시애틀에서 출발해 각 대학이나 연구소, 기업을 순회하며 인재를 찾는다. 최근에는 중국, 러시아와 손을 잡고 현지의 인력을 확보하는 데 나서고 있다.

해외 인재를 선발하는 그들의 태도는 대단히 신중하다. 그들은 단순히 후보자들의 '스펙'만 보지 않는다. 인성, 가족관계, 조직 적응도까지 꼼꼼하게 조사한 후, 즉석에서 후보자의 사진을 찍고 면담결과를 기록해 이를 토대로 별도의 이력서까지 만든다. 이쯤 되면 삼성의 인재욕심이 어느 정도인지 가히 짐작이 갈 것이다.

삼성그룹은 최고급 인재를 스카우트하기 위해 전용기를 띄우는 것도 마다하지 않는다. "삼성 전용기는 단 한 명의 인재를 스카우트하기 위해서도 뜬다."라는 말은 재계에서 유명해진 지 오래다. 삼성의 전용기는 운항고도가 보통 항공기보다 1만 피트는 더 높다고 한다. 그만큼 연료는 많이 들지만 비행 중 흔들림이 거의 없어 최고의 안락함을 느낄 수 있다. 게다가 탑승자의 입맛은 물론, 세세한 취향까지 파악해 최고급 호텔에서나 경험할 수 있는 것 이상의 서비스가 제공된다고 한다. 이런 전용기에 타본 인재들은 자신의 몸값을 알아주는 삼성에 감동을 받게 마련이다.

보통의 기업이라면 이를 보고 '아무리 최고급 인재라고 해도 그렇게 엄청난 돈을 써 가면서까지…?'라는 의문을 가질지도 모른다. 그러나 삼성은 그러한 '상식 밖'의 과감한 투자를 아끼지 않는다. 그렇게 최고의 공을 들여 뽑은 최고의 인재들이 오늘날 삼성을 세계 1등기업으로 만든 주인공들이기 때문이다.

연봉 100만 달러 이상, 서울의 80평 이상 아파트 또는 타워팰리스 제공, 에쿠스 이상의 최고급 승용차 제공은 기본이요, 이전 회사에서 받은 스톡옵션 등의 골치 아픈 문제도 일사천리로 해결해주고, 가정의 경조사나 국외 여행에 관련된 모든 사항에 대한 서비스를 일괄적으로 제공하는 등 삼성그룹은 이들 S급인재들을 최고의 대우로 모시고 있다.

외국인 S급인재에게는 《임플로이 가이드 북Employee Guidebook》이라는 두꺼운 직원안내 책자를 제공한다. 영어판과 일어판으로 제작된 이 책에는 인사제도, 회사소개, 편의시설, 주거지, 금융, 의료시설 이용정보까지 한국에서 생활하기 위해 필요한 모든 것이 자세히 소개되어 있다. 또한 각 사업장에 설치된 전담 도우미 조직이 집안일과 업무수행에 필요한 모든 사항을 지원한다.

삼성 계열사의 사장들은 S급인재 확보를 가장 우선적인 경영목표로 삼고 있다. 얼마 전 삼성그룹 사장단 회의에서 모 계열사 사장이 이건희 회장에게 "연봉을 저만큼 받는 인재를 스카우트했습니다."라고 보고했다가 "당신보다 몇 배 많은 연봉을 받을 인재를 데려오라고 하지 않았느냐?"라는 호된 질책을 받으면서, 삼성 사장단 내에 '인재 스카우트 노이로제'가 유행처럼 퍼지기도 했다.

삼성 구조조정본부는 한때 사장단 업무평가점수의 40% 이상을 인재확보실적에 배정했다. 그 비율은 지금도 10~30% 정도로 유지되고 있고, 해당부서에서 근무하는 우수인재가 회사를 나갈 경우 평가점수를 깎기도 한다.

과감한 급여파괴,
뿌린 대로
거둔다

　이처럼 삼성이 A급인재들을 얻기 위해 기울이는 노력은 상상을 초월할 정도다. 굉장한 노력을 쏟아부어서 얻은 그들을 유지하기 위한 노력 또한 그에 못지않다. 일례로 삼성전자 내에는 사장보다도 높은 연봉을 챙기는 최고급 인재가 10명 이상 포진하고 있다. 이는 삼성전자 사내 등기이사의 평균 연봉이 대략 50억 원에 달하는 상황을 감안하면 상상을 초월하는 특별대우다. 회사의 한 관계자는 조兆 단위의 수익을 창출하는 사업부의 핵심인력에겐 100억 원을 줘도 아깝지 않다는 것이 회사의 기본적인 방침이라고 말했다. 외국인 A급인재들에겐 다국적기업 수준의 높은 연봉 외에 다양한 인센티브가 제공된다. A급과 H급의 경우 수백만 원에서 수억 원까지의 특별 인센티브를 지급하기도 한다.

이러한 인센티브는 외부에서 채용한 사람들에게만 주어지는 것은 아니다. 삼성은 내부 인재들 중에서도 2~3%를 A급인재로 선정하여 치밀하게 관리하고 있다. 그들은 각 계열사의 대표이사가 직접 관리하며, 본부장이나 임원들이 평소에 그들을 집중 관리하도록 하는 시스템도 구축되어 있다. 이들에게 주어지는 인센티브는 성과와 역량에 따라 조정되며,

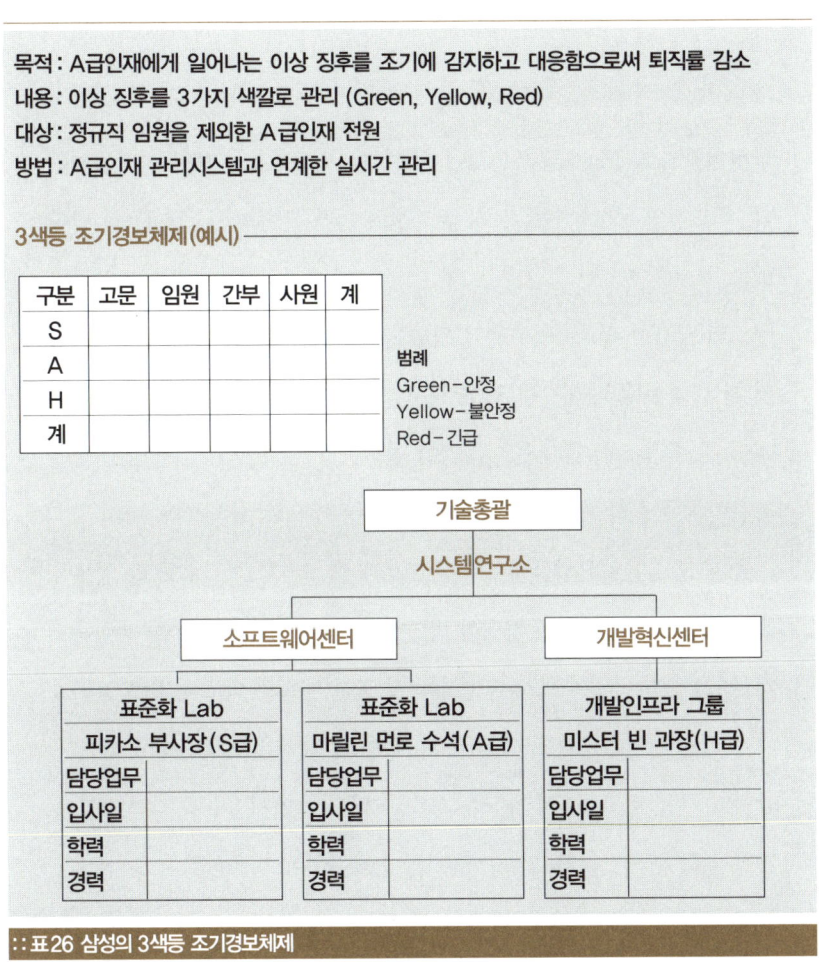

목적 : A급인재에게 일어나는 이상 징후를 조기에 감지하고 대응함으로써 퇴직률 감소
내용 : 이상 징후를 3가지 색깔로 관리 (Green, Yellow, Red)
대상 : 정규직 임원을 제외한 A급인재 전원
방법 : A급인재 관리시스템과 연계한 실시간 관리

3색등 조기경보체제(예시)

구분	고문	임원	간부	사원	계
S					
A					
H					
계					

범례
Green – 안정
Yellow – 불안정
Red – 긴급

기술총괄

시스템연구소

소프트웨어센터

개발혁신센터

| 표준화 Lab |
| 피카소 부사장(S급) |
| 담당업무 |
| 입사일 |
| 학력 |
| 경력 |

| 표준화 Lab |
| 마릴린 먼로 수석(A급) |
| 담당업무 |
| 입사일 |
| 학력 |
| 경력 |

| 개발인프라 그룹 |
| 미스터 빈 과장(H급) |
| 담당업무 |
| 입사일 |
| 학력 |
| 경력 |

:: 표26 삼성의 3색등 조기경보체제

그 내용은 철저히 비밀에 부쳐진다.

물론 최고급 인재를 붙들어두기 위해서는 회사의 강력한 의지가 가장 중요하다. 삼성전자 윤종용 전 부회장은 재직 당시 임직원들에게 틈날 때마다 "외부에서 왔다고 텃세를 부리거나 따돌리는 일이 생기면 결코 좌시하지 않겠다."라는 뜻을 밝혔다.

정교하기로 이름난 A급인재 관리

삼성전자의 A급인재 관리전략은 20년 이상 지속적인 보완을 거듭해왔다. 최고경영자와 임원들은 각각 자신이 속한 분야의 S급인재들을 맡아 멘토 역할을 한다.

멘토의 상대(멘티)는 외부에서 영입한 S급인재들이다. 멘토들은 한 달에 한 번씩 이들과 약속을 잡고 식사를 하거나 면담을 한다. 그들은 "하늘이 두 쪽 나도 이 약속은 지켜야 한다."고 강조한다. 그들의 대화는 복잡한 업무현안 대신 가족의 안부를 묻는 것으로 시작한다.

그들은 멘티가 일상생활에서 겪는 고충과 애로사항을 접수하고, 업무에 불편함을 겪지는 않는지 자세히 확인한다. 매달 면담 보고서를 제출하고 개선요청을 받아들여 즉시 시행하는 것 또한 멘토의 의무다. 만약 A급인재가 석연치 않은 이유로 퇴직하게 되면 그 책임은 멘토에게 돌아간다. 삼성의 한 관계자는 "이 제도는 능력이 뛰어난 인재일수록 경쟁사에 뺏기기 쉽고 외국인들의 경우 이질적인 한국문화에 적응하기 어렵다는 점을 감안하여 만들어졌다."라고 설명했다.

삼성이 A급인재들을 이렇게 밀착 관리하는 이유는 그들을 회사에 정착시키는 것이 영입 못지않게 어려운 일이라고 판단하기 때문이다. 그래서 삼성전자는 A급인재들을 대상으로 '3색등 조기경보체제'를 은밀하게 운영하고 있다. 이는 205페이지의 표와 같이 각 A급인재의 퇴직 가능성을 녹색(Green, 안정), 황색(Yellow, 불안정), 적색(Red, 긴급)의 3가지 등급으로 분류, A급인재의 이탈 징후를 조기에 감지하여 대응하는 시스템이다. 적색 등급을 받아 퇴직 가능성이 크다고 판단되는 직원은 중점관리를 받는다. 회사는 이들의 대인관계가 어떤지, 자신의 전문성과 업무에서 요구하는 전문성이 일치하는지 등을 정밀하게 진단하여 곧바로 개선책을 마련해준다.

B급인재,
삼성은 이렇게
육성한다

시스템에 의한
인재경영

　"'사람에 의한 경영'으로 돌아가는 조직은 경영자가 사라지면 무너질 수밖에 없습니다. 그래서 '시스템에 의한 경영'이 필요한 거죠. 여기서 중요한 것은 고객만족도보다 직원만족도를 높여야 한다는 점입니다. 우수한 인재가 1년만 더 남아 있어도 회사에 엄청난 이득을 가져다준다는 점을 생각해야 합니다." 중소기업을 대기업으로 키운 경험을 가진 어떤 경영자의 말이다.

　사실 기업규모가 어느 정도 클 때까지는 경영자를 중심으로 하는 '사람에 의한 경영'이 가장 효과적이고 비용도 적게 드는 방식이다. 그래서 많은 경영자들이 이런 경영방식을 쉽게 버리지 못하고 있다.

　일찍이 이를 간파한 삼성은 고 이병철 회장 시절인 1957년 우리나라

최초로 공채제도를 도입했고, 비서실 조직을 가동하여 1970년대부터 회사별로 독립채산제를 실시함으로써 사람에 의한 경영방식을 시스템에 의한 경영방식으로 전환했다.

천재 1명이 아무리 많은 사람을 먹여 살리는 시대가 온다고 해도 창의적이고 능력 좋은 천재 몇 명만으로 새로운 사업영역을 개척하고 신사업을 진행할 수는 없다. 이를 가능케 하는 것이 바로 삼성을 묵묵하게 지키고 있는 B급인재들이다. 그렇다면 삼성은 B급인재들을 유능한 인재로 키우기 위해 그들을 어떻게 지도하고 육성하고 있을까?

삼성은 B급인재들에게 동기를 부여하고 그들의 자긍심을 높여주기 위해 철저한 ABC 인재경영에 입각한 인사제도를 구축해두었으며, 이러한 제도가 시스템에 의해 완벽히 작동되도록 하고 있다.

삼성의 인사제도는 앞서 소개한 GE의 나인 블록 매트릭스에 의한 인사제도와 거의 유사한 형태를 띤다. 평가제도는 치밀하고도 정교한 목표관리제도하에서 운영되며, 각 개인에게 주어지는 보상내용은 그 평가결과에 의해 결정된다.

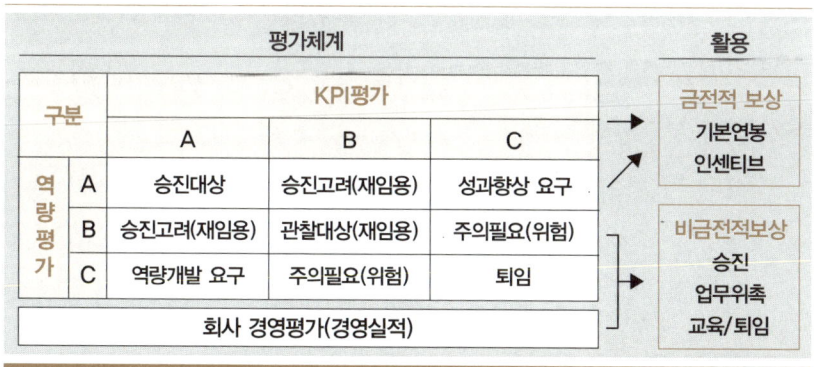

구분		KPI평가				활용
		A	B	C		**금전적 보상** 기본연봉 인센티브
역량평가	A	승진대상	승진고려(재임용)	성과향상 요구		
	B	승진고려(재임용)	관찰대상(재임용)	주의필요(위험)		**비금전적보상** 승진 업무위촉 교육/퇴임
	C	역량개발 요구	주의필요(위험)	퇴임		
회사 경영평가(경영실적)						

:: 표27 평가결과와 연계된 보상내용

철저한
목표관리제도

목표관리제도는 삼성 인사제도의 핵심이다. 목표관리제도를 통해 모든 평가가 이루어지며, 그 결과에 의해 각종 임금과 인센티브가 결정되기 때문이다. 삼성의 목표관리제도는 우리 기업 중에서 가장 오래된 것으로, 오랜 연구와 검증을 거쳐 세계적인 기업들과 비교해도 손색 없을 정도로 발전되었다. 삼성은 조직의 목표관리를 전담으로 하는 기획부서와 관리부서를 따로 구성해두었다.

삼성의 목표관리제도는 체계적이고 정교하다. 우선 그룹 전체의 목표가 정해지면 각 계열사별 목표가 연말 이전에 확정된다. 그리고 이는 다시 부서별로 나뉘고 또 개인별 목표로 세분화된다. 이 과정에서 중요한 것은 상사와 본인이 철저한 협의를 거쳐야 한다는 점이다. 삼성에는 이처럼 목표를 세분화하여 재설정하는 '캐스케이딩Cascading' 구조가 확립되어 있다. 그룹목표가 정해지면 그 목표가 20만 명의 전 임직원들에게 뿌려지는 것이다.

예를 들어, 그룹의 올해 경영목표 중 하나가 고객만족으로 정해졌다면 이것이 쪼개져 각 계열사 사장의 경영방침이 결정되고 다시 본부, 사업부, 팀별 목표로 나뉜다. 이는 마지막으로 한 번 더 세분화되어 각 사원들의 목표가 된다.

1980년대 초, 고 이병철 회장은 '개인별 사업부제'라는 전무후무한 파격적 제도를 도입했다. 이는 당시 그룹의 전 임직원 15만 명이 모두 사업부장이 되어 스스로 목표를 설정하고 매일 관리하도록 하는 제도였다. 막상 시행하다 보니 일이 일을 낳는 현상이 반복되고 프로세스가 너무 복잡해지는 등 운영상의 어려움이 심화되어 5년 만에 폐지되긴 했지만, 이 제도는 삼성이 목표관리제도를 얼마나 중요하게 여기는지 보여주는 방증이다.

삼성은 목표를 관리하고 그 결과를 평가하는 데 있어서 매출이나 이익과 같은 단기성과만을 기준으로 삼지 않는다. 삼성은 재무, 고객, 내부 프로세스, 학습과 성장 등 여러 가지 평가요소를 고루 갖춘 '균형성과평가제도(BSC, Balanced Scorecard)'와 목표를 성공적으로 달성하기 위해 핵심적으로 관리해야 하는 요소들에 대한 성과지표를 나타내는 '핵심성과지표(KPI, Key Performance Indicator)' 등을 모든 평가방식에 적용하고 있다. 물론 이런 것들은 어떤 기업에서라도 따라할 수 있지만, 이를 삼성만큼 치밀하고 정교하게 실행하는 기업은 별로 없다.

삼성의 모든 임직원들은 '내가 몇 등일까?' 하는 물음의 답을 스스로 확인할 수 있다. 평가결과는 사내 전산망을 통해 언제든지 확인 가능하기 때문에 낮은 평가를 받는 사람도 그다지 불만을 갖지 않는다. 이는 대부분의 우리 기업들이 상사의 직감에 의해 평가를 내리고 평가결과도 본인에게 알려주지 않는 것과는 전혀 다른 모습이다.

삼성은 개인은 물론 본부, 팀, 계열사 등의 조직별 평가도 실시한다. 조직별 평가등급은 A, B, C의 3가지로 나뉘고, 개인의 평가등급은 S, A, B, C, D의 5단계 나뉜다. 또한, 개인에게 주어지는 보상의 내용은 개인의 평가결과뿐 아니라 조직의 평가결과까지 함께 고려되어 정해진다. 따

구분	회사 경영평가	임원 KPI평가
주목적	각 계열사의 경영실적 평가	임원실적 평가
평가 내용	매출, 이익 등의 규모에 따라 계열사들을 두 개의 그룹으로 나눈 후 각 계열사별 KPI에 의거하여 평가	임원 KPI와 각 계열사 KPI에 의거하여 평가(각사 대표이사 승인)
등급, 평가방식	· 3단계(A, B, C) 절대평가 · 임원 KPI평가의 배분을 결정	· 3단계(A, B, C) 상대평가 · 경영평가에 따라 보상 지급
주기	· 연 1회(12월)	· 연 1회(경영평가 직후)
활용	· 기본연봉 · 단기성과급(PI) · 경영성과급(PS)	· 기본연봉 · 단기성과급(PI) · 경영성과급(PS)

::표28 삼성의 그룹업적 평가체계(예시)

라서 개인의 평가결과가 아무리 좋다고 하더라도 회사나 조직의 평가결과가 나쁘면 상대적으로 개인의 최종 상여금이나 인센티브의 평가등급은 하향 조정된다.

조직평가	개인평가
본부, 팀 단위의 평가	**개인별 평가**
연초에 설정한 조직목표 달성지표에 따른 본부, 팀 단위의 조직평가	연초 설정한 개인목표 달성지표에 따른 개인별 업적평가
· 3단계(A, B, C) 절대평가	· 5단계(S, A, B, C, D) 평가 · 본부단위 직급별 상대평가
· 연 2회(상·하반기)	· 연 2회(상·하반기)
· 기본연봉 · 단기성과급(PI) · 경영성과급(PS)	· 기본연봉 · 단기성과급(PI) · 육성, 승진임용

공정하고
투명한
평가제도

　삼성 사람들은 개인의 능력과 성과에 따른 '이유 있는 차별'에 대해 별로 불평하지 않는다. 직원들의 의욕을 고취하고, 경쟁심을 불러일으키며, 새로운 도전의식을 키우는 '이유 있는 차별'은 기업의 목표를 달성하기 위한 핵심적인 수단이라는 인식이 뿌리내렸기 때문이다.

　삼성의 개인별 평가제도는 업적평가와 역량평가로 구분된다. 역량평가의 기준은 다시 공통역량과 전문역량으로 나뉜다. 공통역량은 기업의 핵심가치를 중심으로 한 인품, 리더십 등을 포함하고, 전문역량은 부서별로 직무에 따라 정해진다. 전문역량이 높아도 공통역량이 떨어지는 직원은 좋은 평가를 받지 못한다.

평가를 실시하는 데 있어 가장 중요한 요소는 공정성과 투명성이다. 삼성은 평소에 직원들을 평가하는 간부들을 대상으로 평가자 교육을 실시하고 평가 전에 미리 대상 직원을 면담하도록 함으로써 평가제도의 공정성을 확보하고 있다. 그리고 평가결과를 당사자에게 피드백함으로써 투명성 또한 확보하고 있다.

이처럼 삼성은 공정하고 투명한 성과주의 인사제도를 채택하여 평가결과에 따라 보상내용을 차별화하기 때문에 직원들은 더 좋은 기회를 보장받기 위해 자신의 업무에 몰입할 수밖에 없다.

구분	업적평가	역량평가
평가내용	해당연도의 업무성과	개인이 보유한 핵심역량
평가 항목	부서목표와 연계한 개인업적 달성도	고성과 발휘가 가능한 개인역량
평가자	· 1차:팀장 · 2차 평가자는 조정권을 가진다	· 1차:팀장 · 2차 평가자는 조정권을 가진다
평가주기	연 2회	연 1회
비고	본인과 합의	자기신고

:: 표29 삼성의 개인평가 기준

평가결과와
연계된
보상제도

    삼성 인재관리 시스템의 2가지 핵심원리는 '경쟁'과 '보상'이다. 삼성은 모든 일에 있어 직원들을 경쟁시키고 그 결과에 따라 파격적인 보상 또는 불이익을 제공한다. 그러나 삼성은 과거 오랫동안 호봉제에 의한 단순 월급제를 유지하고 상·하반기에 지급되는 상여금에만 차등을 두었다. 계열사가 달라도 직급이 같으면 동등한 처우를 받았고, 같은 계열사 내에서 업종이 아주 달라도 직군이 같으면 동일한 보상제도가 적용되었다.

    그러나 1993년, 이건희 회장이 신경영 전략을 추진한 이후 호봉제가 폐지되고 연봉제가 도입되었고, 이 연봉제는 외환위기 이후 꾸준히 강화되어 왔다. 삼성의 보상제도는 앞에서 언급한 대로 성과나 역량에 따라 철저하게 차별하는 아우토반식 보상제도다. 삼성의 연봉체계는 계열사에 따라 다르나, 모든 계열사에서 기본연봉은 전체임금의 50~60% 밖에 되지 않는다. 그 이유는 평가결과와 연계된 인센티브의 폭이 워낙 크기 때문이다.

삼성에서는 보상을 지급할 때 개인별 평가와 조직별 평가가 함께 고려되기 때문에 연봉이나 인센티브를 똑같이 받는 사람은 아무도 없다. 예를 들어 어떤 부서에서 개인평가 결과 A등급을 받은 사람이 부서 전체의 10%이고, B를 받은 사람이 25%라고 할 때, 그 부서가 평가결과 A등급을 받으면 개인평가 등급이 A인 사람을 15%로 늘려주는 식이다.

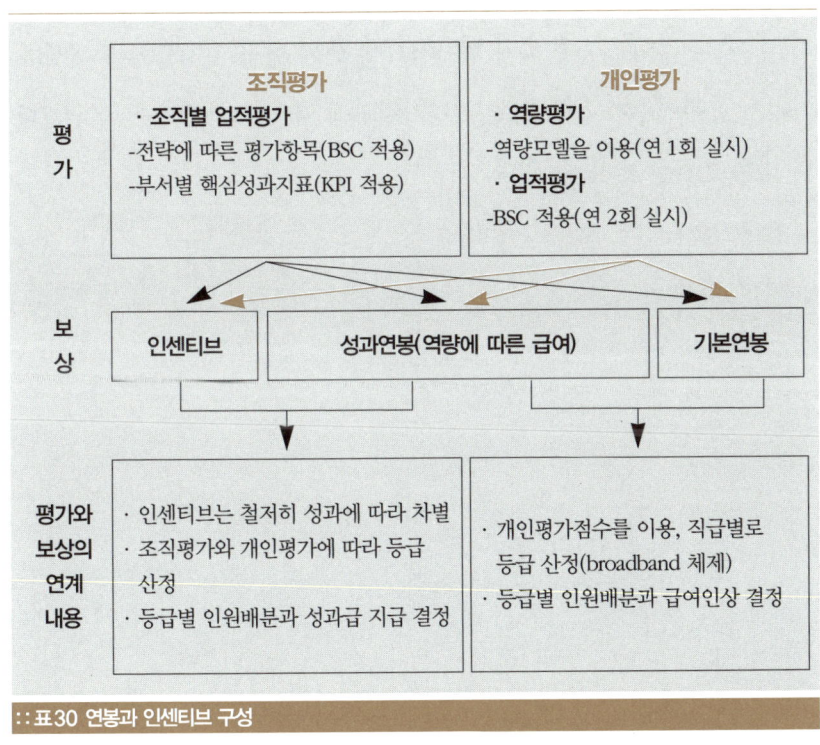

:: 표30 연봉과 인센티브 구성

일반적으로 연봉제는 전년도의 연봉과 관계없이 올해 연봉을 새로 결정하는 비누적식 연봉제와 전년도 연봉과 같거나 더 높은 연봉을 지급하는 누적식 연봉제로 나뉜다.

삼성은 연봉제 도입 초기부터 비누적식 연봉제를 실시했다. 그러나 2010년부터 비누적식 연봉제가 너무 가혹한 조치라는 여론이 일고, 지나친 성과주의의 폐해에 대한 우려가 발생하면서 대부분의 계열사들이 누적식 연봉제로 전환하고 있다. 사실 현재 우리 기업들 중 순수하게 비누적식 연봉제만을 시행하는 곳은 거의 없다.

과거 삼성에서는 승진을 해야 급여가 올라갔으나, 현재는 직급별 호봉을 완전히 무시한 '브로드밴드broadband' 형식의 임금체제가 운영되고 있다. 이는 근무연수와는 무관하게 평가결과에 의해 임금이 지급되는 체제다. 따라서 근무연수가 적은 직원도 평가결과에 따라 오래 근무한 직원보다 더 많은 임금을 받을 수 있다.

파격적
인센티브
제도

삼성 이건희 회장은 인센티브 신봉자다. 이는 믿고 맡기는 그의 스타일과 일맥상통한다. 그는 경영진에게 파격적인 연봉을 지급하고 과감한 스톡옵션을 제공하는 등의 인센티브 제도가 조직을 활성화하고 개인의 창의력을 발휘하게 하는 촉진제가 된다는 신념을 가지고 있다. 그래서 기업에 도움이 되는 직원에게는 비용을 아끼지 말라고 늘 주문한다. 심지어 성과가 부진하더라도 열심히 노력한 직원에게는 인센티브를 줘야 한다는 것이 그의 생각이다.

삼성이 지금처럼 초일류기업으로 발돋움한 이면에는 개인 또는 조직 간에 끊임없는 경쟁을 유도하는 조직문화가 자리 잡고 있는데, 이는 앞에서 언급한 '이유 있는 차별'을 자연스럽게 수용하는 분위기가 정착되었기 때문에 가능한 일이다.

이러한 인센티브 제도는 C급인재의 역량과 성과를 끌어올리기 위함이 아니라 우수한 인재들을 머물도록 하기 위함이다. 임금을 누구에게나 똑같이 지급하는 방식으로는 우수한 인재를 확보하고 유지할 수 없기에 삼성은 매우 다양한 인센티브 제도를 운영중이다.

그중 하나가 목표달성 여부에 따라 지급하는 단기성과급(PI, Productive Incentive)이다. 이는 삼성그룹 전체에 걸쳐 공통적으로 적용된다. 그러나 같은 기업 안에서도 각 개인이 지급받는 단기성과급 비율은 천차만별이다. 이 비율은 각 회사별 평가와 부서별 평가를 합산한 결과에 따라 기본연봉의 최대 200%까지 올라간다.

또 하나의 강력한 인센티브 제도는 경영성과급(PS, Profit Sharing)이다. 이는 기업의 목표이익을 초과한 이익금을 직원들에게 분배하는 제도로, 각 직원은 자기 연봉의 최대 50%까지 배분받을 수 있다. 그러나 이 또한 단기성과급처럼 각 회사별, 부서별 평가가 종합되어 지급되기 때문에 경우에 따라서는 경영성과급을 전혀 받지 못하는 직원도 생겨난다.

A급인재 인센티브는 삼성의 인센티브 제도 중 가장 강력한 힘을 발휘한다. A급인재는 확보보다도 유지가 어려운 것이 현실적이다. 그들은 다른 사람들과 다른, 차별화된 대우를 받고 싶어 하는 성향이 강하기 때문이다. 만일 조직이 그들을 다른 직원들과 비슷하게 대우한다면 그들은 성과를 내고자 하는 의욕을 잃게 될 것이다. 이는 개인은 물론 조직에게도 커다란 손실임에 분명하다.

A급인재의 세부적인 선정기준, 급여, 그 외의 갖가지 보상내용 등은 인사기밀로 좀처럼 공개되지 않는다. 삼성의 A급인재는 S급, A급, H급으로 분류된다는 사실 정도만 알려져 있을 뿐이다. 이들은 보통 소속 계열사의 대표이사가 직접 관리하며, 본부장이나 임원들이 평소에 이들을 집중적으로 관리할 수 있도록 하는 시스템 또한 갖춰져 있다.

	특별상여금	경영성과급	단기성과급	A급인재 인센티브
업종	전업종	전업종	전업종	전업종
적용단위	전사	전사, 사업부	사업부, 팀	전사
성과지표	경영성과 초과율	경제적 부가가치	목표대비 달성도	역량, 성과
지급시기	비정기적	연 1회	반기당 1회	수시로 지급
지급비율	기본연봉의 0~500%	기본연봉의 0~50%	기본연봉의 0~200%	다양

::표31 삼성 인센티브 유형별 운영방식

자격과
직책의
분리

　비금전적 보상 중 가장 효과적인 것은 뭐니뭐니해도 승진과 승격이다. 삼성의 승진제도와 승격제도는 차의 성능에 따라 무한질주가 가능하다는 독일의 아우토반에 비유된다. 승진속도도 얼마든지 높일 수 있고, 언제든 추월도 가능하나 때에 따라서는 속도를 낮춰야 한다. 여기에는 삼성의 능위공록 원칙이 그대로 녹아들어 있다.

　외환위기 이후 우리 기업들의 임원 비율은 점차 증가하기 시작했고, 삼성 역시 예외는 아니었다. 중간 관리자급의 임원들이 점점 늘어나면서 인사적체가 발생해 직원들이 승진을 하지 못하는 상황에 직면한 것이다. 이러한 폐단을 없애기 위해 삼성은 10여 년 전부터 자격과 직책을 철저히 분리하여 승진제도를 운영하고 있다.

'자격'은 과장, 차장, 부장과 같은 호칭을, '직책'은 팀장, 사업부장, 본부장과 같은 직위를 말한다.

 삼성에서 승진은 크게 '자격승진'과 '직위승진'으로 구분된다. '자격승진'은 말 그대로 자격이 향상된다는 뜻인데, 이는 업무내용과 관계없는 상징적인 의미만 지닌다. '직위승진'은 실제 담당하는 업무내용의 향상을 수반한다. 팀장, 사업부장, 본부장으로 점차 승진하면서 더 높은 수준의 업무, 더 중요한 업무를 맡게 되는 것이다.

 삼성은 이처럼 승진의 개념을 두 가지로 나누면서 인사적체 문제를 말끔히 해소했다. 그에 따라 직원들에게 업무에 몰두할 수 있는 동기를 유발하고, 조직 내에서뿐만 아니라 사회적으로 인정받고자 하는 직원들의 욕구를 충족시키는 데에도 성공했다.

확실한
교육
프로그램

변함없는 삼성 인재제일의 정신

삼성 인재경영의 시발점은 교육이다. 삼성의 경영이념은 창업 이래 70여 년 동안 수차례나 바뀌었지만, '인재제일' 정신은 지금도 변하지 않고 그대로다.

국내기업 중에서 임직원의 충성도가 가장 높다는 삼성. 그 충성심의 뿌리에는 지난 1982년 설립된 삼성인력개발원이 자리 잡고 있다. 그런데 삼성 인재양성의 핵심본부라 불리는 이곳에는 원장이 없고 부원장이 모든 일을 도맡아 하고 있다. 기업 인재양성의 핵심본부에 원장이 없다? 뭔가 이상하지 않은가?

그것은 고 이병철 회장의 "내가 바로 인력개발원장이다."라는 발언 후부터 삼성의 인재양성을 회장이 직접 주재해왔기 때문이다. 그래서 인력개발원의 원장직은 상징적인 의미로만 남았다. 이는 삼성이 인재육성에 얼마나 많은 열정을 쏟는지 잘 보여주는 대목이다. 미국 뉴욕시에 자리 잡은 크로톤빌 연수원이 초일류기업 GE의 인재양성 본부라면, 한국 용인시 에버랜드 내에 위치한 삼성인력개발원은 삼성을 글로벌 초일류기업으로 만들어가는 삼성 인재양성의 산실이다.

삼성에는 삼성전자인이나 삼성물산인, 삼성중공업인이라는 말이 없다. 그들은 모두 같은 '삼성인'이다. 다른 계열사로 옮기는 것은 부서를 옮기는 정도로 생각한다. 그것은 그들 모두에게 그룹 공통으로 적용되는 핵심가치에 대한 교육이 철저히 이루어졌기 때문이다. 삼성의 정신무장 교육은 그만큼 강력하다. 그것이 바로 삼성 임직원들이 가진 높은 충성도

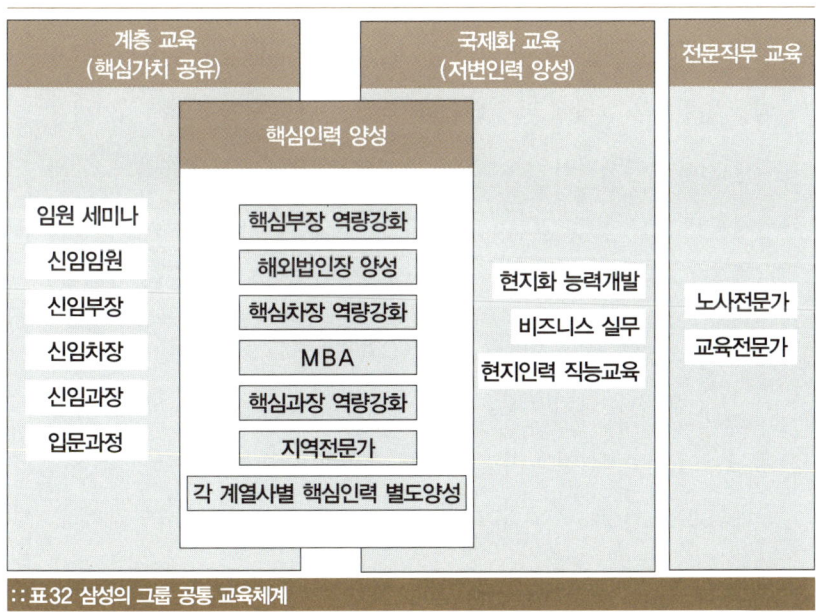

:: 표32 삼성의 그룹 공통 교육체계

의 근원이다.

정신무장 교육만큼이나 경영, 리더십, 직무에 관한 교육 프로그램도 강력한 힘을 발휘한다. 삼성의 리더양성 교육 프로그램은 신입사원부터 경영자까지 직급별로 나뉘어 있고, 특히 신임임원 과정에서는 신경영을 주도하는 21세기의 새로운 지도자로서 갖춰야 할 리더십, 전략경영 실천 능력 등을 집중적으로 배양한다.

또, 자신의 전문분야를 더욱 깊이 탐구할 수 있도록 하는 전문직무 교육 프로그램도 운영된다. 여기서는 해당분야에 필요한 종합적 전문지식과 전략적 업무수행 방안 등을 교육한다.

삼성 계열사에 부는 인재교육 열풍

삼성인력개발원에서 교육 받을 수 있는 삼성 임직원은 신입사원을 제외한 인원의 30%밖에 되지 않는다. 따라서 남은 인원을 교육시키려면 각 계열사가 자체적인 프로그램을 운영해야 한다. 그래서 삼성의 각 계열사들은 그룹 공통 교육과정 이외에 여러 교육과정을 만들어 운영하고 있다. 삼성인력개발원에서 4주간의 연수를 마친 신입사원들 또한 각 계열사의 교육센터에서 다시 3개월간 집중교육을 받는다.

삼성물산의 경우 해외마케팅 과정, 국제협상 과정 등을 개설하였고, 삼성 SDS에서는 전산전문 과정을 개설, 운영하고 있다. 이밖에 어학연수, 주재원과정, 경영자 석사과정 등 매우 많은 교육과정이 있어 어떤 교육과정이 있는지를 개개인이 미처 모르고 지나갈 때도 많다. 그러나 그만큼 교육의 기회도 많아 본인의 의지에 따라 얼마든지 많은 교육을 받을 수 있다. 삼성 SDS의 경우 연초마다 전 교육과정을 이메일로 공지하고 미리 수강신청을 받아 교육계획 수립에 활용한다.

최근에는 사이버 교육의 확산을 위해 새로운 교육 프로그램도 설치되었다. 현재 삼성에서는 인터넷 비즈니스 성공전략, 글로벌 경영, 퍼포먼스 영어 등 40여 가지의 사이버 교육 프로그램이 실시되고 있다.

반듯한 삼성맨은 신입사원 연수부터

이렇듯 삼성에는 너무나도 다양한 교육 프로그램이 존재하는데, 그중에서도 단연 백미는 신입사원 교육 프로그램이다. 삼성의 신입사원 연수는 4주간 합숙교육으로 진행된다. 국내기업 중 전 그룹의 신입사원들이 한 달씩이나 합숙하면서 교육받는 곳은 삼성뿐이다.

연수원에서의 첫날은 통일된 복장을 입고 입소하는 것으로 시작된다. 또한 연수원에 있는 동안에는 편지를 제외한 어떠한 수단으로도 외부와 접촉할 수 없다. 심지어 신문이나 잡지도 볼 수 없다. 외출 기회는 2주차 교육이 끝난 후 현장실습에 들어가기 전에 단 한 번밖에 주어지지 않는다. 교육을 받을 땐 교육에만 집중하라는 의미다.

음주나 도박은 물론 일과 중 주머니에 손을 넣는 것도 금지사항이다. 건물 내에서는 정숙한 언행과 바른 예절을 지킬 것이 요구된다. 이를 위반할 경우 벌점이 부과된다. 이렇게 머리끝부터 발끝까지 철저한 '바른 생활'이 몸에 배도록 교육받음으로써 신입사원들은 반듯한 삼성맨으로 거듭난다.

최근에는 이런 신입사원 연수 현장에 변화의 바람이 불고 있다. 이는 창조경영의 필요성이 부각됨에 따라 획일적인 단체문화를 없애려는 노력의 일환이다. 각종 강의에 온라인 시스템을 적용함으로써 신입사원들이 실시간으로 강의 내용을 검색하여 오류를 지적하고 질문을 업로드하게 했으며, 새벽마다 실시되던 '달리기', 현장에서 물건 팔기, 등산 등의 프로그램도 폐지했다.

이에 따라 각 계열사 내의 교육 프로그램도 사고방식을 바꾸기 시작했다. 삼성전자의 경우 전사교육 기간을 14일에서 5일로 대폭 줄이고 사업부별 교육을 강화하는 등의 변화를 보이고 있다.

삼성 월드스타 양성책, 국제화 교육

글로벌 초일류기업으로 성장한 삼성이 가장 역점을 두는 인재육성 방안 중 하나는 국제화 교육이다. 강도 높은 외국어 교육을 통해 외국 기업과의 의사소통 능력을 길러 삼성의 세계화를 탄탄하게 뒷받침할 인재들을 양성하려는 것이다.

삼성에 입사한 신입사원들은 먼저 외국어 테스트를 받는다. 여기서 일정선 이상의 점수를 획득하면 외국어 생활관에 들어가 3개월 동안 체계적인 외국어 교육을 받는다. 이들 중 뛰어난 실력을 보이는 사원은 지역전문가로 뽑혀 해당 언어권으로 파견된다. 또, 지역전문가 과정을 우수하게 마치면 주재원으로 임명되고, 주재원 과정이 끝나면 그동안 얻은 지식과 경험을 활용할 수 있도록 그와 관련된 부서에 배치된다. 삼성은 이처럼 체계적이고 일관된 외국어 교육을 통해 직원들을 글로벌 사업에 가장 적합한 인재로 탈바꿈시키고 있다.

삼성의 국제화 교육은 주로 용인에 자리한 삼성인력개발원에서 진행된다. 여기에 바로 그 외국어 생활관이 있는데, 일단 이곳에 들어가기만 하면 한국어를 절대 사용할 수 없다. 한국말을 할 수 있는 건 첫날, 그것도 단 3시간뿐. 한국어를 한마디라도 하면 경고를 받고 경고를 3회 받으면 그 즉시 연수원에서 퇴출당한다.

일정 또한 혹독하기 그지없다. 하루가 멀다 하고 원어민과의 대화와 평가가 계속되고, 참가자들은 하루에 3시간도 자기 힘들 정도로 살인적인 일정을 소화해야 한다. 이렇게 3개월간의 일정을 거쳐 그중 뛰어난 실력을 보이는 사원은 지역전문가로 1년간 파견된다. 이러한 특전 때문에 일정이 아무리 혹독하더라도 참가자들의 눈은 열의로 빛난다.

삼성 글로벌 성장의 주역, 지역전문가

다른 기업과 차별되는 삼성만의 독특한 글로벌 인재양성 제도 중 하나는 앞서 설명한 지역전문가 제도다. 수년 전 GE의 밥 코코란Bob Corcoran 크로톤빌 연수원장은 몇 년 전만 해도 GE의 시스템을 따르던 삼성의 성공비결을 배우기 위해 삼성 구조조정본부를 찾았다. 그가 내린 결론은 삼성 성공의 핵심비결이 10년 후를 내다보고 직원 한 명당 수억 원을 투자한 지역전문가 제도라는 것이었다.

삼성의 이러한 지역전문가 제도는 삼성 신경영 전략이 추진되면서 본격적으로 시행되었다. 지역전문가로 선발된 사원들은 6개월에서 1년간 현지의 자유로운 생활을 만끽하고 한국으로 돌아온다. 삼성은 그들에게 당장의 성과를 요구하지는 않고, 다만 그들이 몸소 체험하며 느낀 것들을 노트북과 디지털카메라에 담아 사내 전산망에 업로드하도록 한다.

삼성은 지금까지 64개국에 4,000명 이상의 직원을 지역전문가로 파견했다. 한 명당 수억 원을 투자했으니 지금까지 지역전문가 제도에 투자한 예산은 실로 엄청난 것이다. 그러나 그들이 수집해온 방대하고 촘촘한 지역정보는 글로벌 1등기업 삼성의 입지를 탄탄히 해주고 있다. 삼성 주재원들이 경쟁사보다 한 발 앞서 행동할 수 있는 것도 이런 값진 정보 덕택이다.

삼성은 최근 들어 글로벌 시대의 예비 경영자 육성을 위해 부장급 이상의 임원들을 대상으로 한 '시니어 지역전문가' 제도 또한 시행중이다. 이 제도는 국제경영 감각, 지역 적응능력, 테마 연구, 글로벌 인적 네트워크 형성 등에 초점을 둔다.

chapter
10

초일류 삼성의
출구관리
전략

소리 없이 강한
삼성 출구관리의
비결

　삼성은 국내 어느 기업보다도 철저하게 C급인재를 분류하고 다양한 방식으로 관리한다. 또한 사람을 내보내는 출구관리에도 뛰어난 모습을 보여준다. 그리고 그 배경에는 인재경영에 관한 삼성만의 확고한 원칙이 자리한다.

　신경영 전략이 출범한 이후, 삼성은 이건희 회장의 경영철학을 집대성하여 '삼성 지행 33훈'이라는 행동강령을 발표하고 임직원들을 교육할 때마다 계속해서 강조해왔다. 여기에는 우수한 인재를 확보하고, 하위 5%에 속하는 직원을 매년 퇴출한다는 상시 구조조정 지침이 포함된다. 이건희 회장은 이 행동강령을 통해 "평소에 상시적인 구조조정이 이루어진다면, 한 번에 많은 인원을 내보낼 필요 없이 도덕적으로 문제가 있는 인력을 포함하여 1~3%만 감축하면 된다. 그렇게 하면 10~20%나 되는 인원을 한꺼번에 퇴출해야 하는 일은 발생하지 않을 것이다."라고 강조한다.

이에 따라 삼성은 '상시퇴출'이라는 출구를 통해 계속해서 수많은 직원들을 내보내고 있다. 삼성은 이처럼 구조조정을 통해 매년 수많은 인원을 퇴출하지만, 그로 인해 언론이 떠들썩해지는 일은 거의 없다. 그래서인지 삼성을 구조조정이 없는 기업으로 아는 사람도 많다. 삼성이 그렇게 소리 없는 구조조정을 계속할 수 있는 비결은 과연 무엇일까?

그것은 다름 아닌 공정하고 투명한 인사제도 덕분이다. 가령 '100명가량의 희망퇴직자를 모집한다'라는 공고가 게시되면 얼마 지나지 않아 그만큼의 인원이 자발적으로 퇴직신청을 한다. 그들은 투명한 인사제도를 통해 자신의 성과평가 결과를 잘 알고 있고, 따라서 자신이 C급인재라는 사실을 정확하게 인지하고 있다. 그래서 미리 자각하고 마음의 준비를

금전적 불이익	· 인사평가 최하위 등급 부여 → 최소 연봉 지급 · 단기성과급 : 회사 가급분만 지급 · 경영성과급 : 50% 삭감 지급(연간 업적평가 등급이 DD인 경우 전액 삭감)
직무대기	· 업적평가 등급이 연속 2회 D일 경우 직무대기 발령 · 직무대기 발령은 분야별 인사위원회에서 심의 후 실시 · 직무대기 시 처우 - 일상적·고정적 업무수행 중단, 별도과제 부여 후 정기적으로 확인·피드백 - 직무대기 3~6개월 후에도 개선이 없을 경우 퇴출 - 기본급만 지급(인센티브, 자가운전 보조비 전액 삭감) - 승급중지(승진제한)

※ 경고 및 성과개선 기회 제공에도 불구하고 성과가 개선되지 않을 경우 자발적인 퇴직 유도

:: 표33 삼성의 C급인재가 받는 불이익 조치

하는 것이다. 이는 인사제도가 불투명한 조직에서는 불가능한 일이다.

삼성은 C급인재들에게 스스로 성과를 개선하기 위한 기회를 주고, 그럼에도 불구하고 나아지는 기미가 보이지 않으면 지속적으로 불이익을 준다. C급인재 본인은 이러한 불이익을 사전에 인지하기 때문에 앞으로 자신이 취해야 할 행동에 대해 고민하지 않을 수 없다. 이처럼 '보이지 않는 손'에 의해 움직이는 것이 삼성의 인사제도이고 출구관리다.

함부로 버리지 않는다, 성과개선 프로그램

    GE의 '활력곡선 이론'이나 삼성의 '메기론'과 같은 이론에 의한 C급 인재 관리방안은 효과적으로 운영되면 조직 내에 건전한 긴장감이 조성되고 생산성도 높아지지만, 잘못 운영되면 조직 내에 고용불안감이 고조되고 구성원들의 사기가 저하되는 등 각종 부작용이 발생할 수 있다.

    삼성은 상시퇴출 제도를 통해 꾸준히 C급인재들을 방출하고 있지만, 그렇다고 해서 그들을 무조건 '버리는 카드'로만 생각하는 것은 아니다. 삼성은 C급인재를 관리할 때 퇴출 접근법과 역량개발 접근법이라는 두 가지 전략을 사용한다. 또한 진로전환 지원 프로그램보다 해고를, 경력개선 프로그램보다 고용조건 변화 프로그램을 선호한다. 그리고 직원들을 해고하더라도 그들이 처한 상황에 적합한 전략적 지원방안을 마련하여 사후관리에도 인간적인 배려를 아끼지 않는다.

삼성은 C급인재들에게 먼저 업무재배치, 교육기회 부여 등을 통한 성과개선 기회를 1~2회 제공한다. 그래도 개선의 여지가 없을 경우에는 임금동결 또는 삭감, 인센티브 삭감, 승진제한 등의 조치를 취한다. 이러한 불이익이 지속되면 자발적 퇴직을 선택하는 C급인재들이 자연스레 늘어난다. 특히 외환위기 이전에는 상당수의 직원들이 이러한 자발적 퇴직을 통해 스스로 회사를 떠났기 때문에 명예퇴직을 유도하거나 구조조정을 단행할 일이 별로 없었다. 그러나 이런 모든 조치에도 불구하고 성과개선에 진전이 없을 경우 희망퇴직을 유도하고, 이에 응하지 않을 때는 부득이 권고사직 절차를 시행한다.

구분	대상자	조치내용
상시퇴직	· 업적 및 능력평가에서 D등급을 1회 이상 받거나 C등급을 연속 3회 이상 받은 자 · 연봉등급이 '라' 이하인 자	· 팀장 주도로 성과개선 프로그램을 실시한 후 개선효과가 미흡할 경우 자발적 퇴직을 적극적으로 유도 -퇴직사유가 자신에게 있음을 자각하도록 유도 -직무대기 등 인사상의 불이익 조치를 통해 퇴직 유도
명예퇴직	· 고직급자, 고연령자, 장기근속자 (우수인재 및 필수인재 제외)	· 제2의 인생을 설계할 수 있도록 회사차원에서 지원
희망퇴직	· 구조조정이 필요한 시점에서 성과와 역량이 회사가 요구하는 일정기준에 미달되는 자 · 아웃소싱 등으로 직무가 소멸된 자	· 퇴직위로금 지급, 재취업 알선 등 퇴직 지원을 통한 부작용 최소화

:: 표34 삼성의 퇴직관리 대상자 선정기준과 조치내용

확실하게
애프터서비스한다,
경력개발센터

삼성의 퇴직관리는 우발적으로 이루어지는 경우가 거의 없다. 삼성은 다른 기업과는 달리 중장기적 차원의 철저한 계획을 세워 퇴직자를 관리한다. 이러한 전략적 퇴직관리의 대표적인 예로 '전직지원 프로그램'을 들 수 있다. 이는 퇴직자가 자신의 능력과 적성에 맞는 다른 일을 찾을 때까지 모든 과정을 지원하는 것으로, 재취업 알선, 창업지원과 교육 등을 포함한다.

현재 8개 계열사에 설치된 '경력개발센터(CDC, Career Development Center)'는 삼성의 전직지원 프로그램을 전담하는 부서다. 삼성전자의 경우 서울, 수원, 기흥, 구미사업장에 이를 설치하여 운영하고 있다. 삼성은 이런 경력개발센터 제도를 2011년까지 12개 계열사로 확대하고, 기존의 퇴직관리제도 또한 강화하여 시행할 예정이라고 한다. 퇴직관리제도가 강화되면 앞으로는 퇴직자들이 재취업을 했다가 심경변화 등의 이유로 퇴사할 경우 다시 다른 기업으로 옮기는 일도 가능해진다.

그동안 퇴직자들은 물론 구인기업들 사이에서도 구인·구직 조건에 맞게 구인자와 구직자를 연결해주는 매칭시스템이나 재취업 현황을 수시로 조회·검색할 수 있는 시스템, 실시간으로 정보를 공유할 수 있는 시스템과 같은 다양한 시스템에 대한 필요성이 꾸준히 제기되어왔다. 또한 경력개발센터의 업무를 모바일화mobile化함으로써 현장과 즉각적인 정보교류가 가능하도록 해야 한다는 의견도 제시되었다. 삼성의 전직지원 프로그램 강화는 그룹 안팎으로 형성된 이런 여론을 십분 반영한 결과다.

삼성의 한 인사부서장은 "신입사원의 채용에서부터 퇴직자의 재취업에 이르기까지 모든 과정을 관리함으로써 사회공헌활동에 적극 참여해야

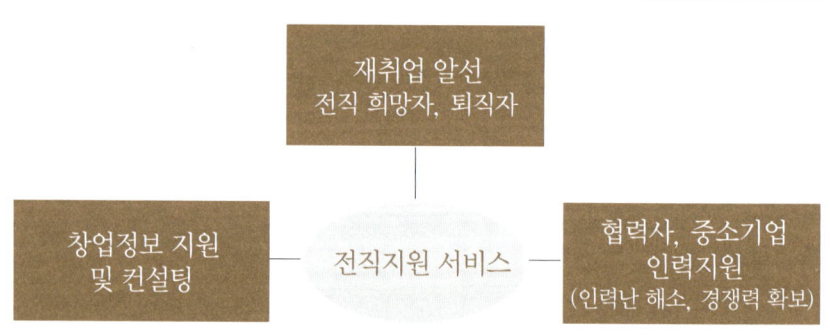

- 구직자가 제2의 인생을 설계할 수 있도록 지원
- 구인기업의 경쟁력이 강화되도록 준비된 인재 지원
- 청장년 실업 해소로 국가경제에 기여

:: 표35 삼성전자 경력개발센터

한다는 사회적 공감대가 형성되었다."며 "이 제도는 구인기업에 준비된 인재를 지원해 경쟁력을 강화시켜주고, 청장년 실업을 조금이나마 해소하여 국가경제에 보탬이 되는 역할을 하는 중요한 사회공헌활동"이라고 말했다.

삼성은 퇴직임원들에게도 굉장히 많은 신경을 쓴다. 국내 1등기업답게 전관예우도 수준급이다. 삼성은 그들에게 비서, 운전사, 차량, 자녀 학자금까지 지원하는 등 현직임원 못지않은 혜택을 제공한다. 겉으로 보면 퇴직하지 않은 것처럼 보일 정도다. 상무급 이상의 임원이 별 물의 없이 회사를 떠나면 최소 2년 이상을 자문역이나 상담역으로 근무하고, 부사장이나 사장급 이상은 고문 또는 상담역으로 근무하며 현직의 70~80% 정도 되는 급여를 지급받고 경우에 따라서는 종신고문으로 임명되기도 한다.

상근의 경우 비서, 운전사, 차량, 판공비, 자녀 학자금까지 현직임원과 똑같은 수준의 혜택을 받는다. 자신이 재직했던 계열사 내부에, 또는 별도의 공간에 사무실도 마련해주기 때문에 이들은 퇴직한 후에도 현직시절과 다를 바 없이 생활할 수 있다.

한국형 성과주의, 이렇게 시작하라

조직에
긴장감을
불어넣어라

지난 2010년 밴쿠버 동계올림픽에서 라이벌 관계인 김연아 선수와 아사다 마오 선수는 피겨 퀸의 자리를 놓고 선의의 경쟁을 펼쳤다. 이 경기에서 김연아 선수가 보여준 환상적인 연기는 전 국민에게 기쁨과 감격을 안겨준 한 편의 감동드라마였다. 김연아 선수는 이 경기에서 세계 최고점수를 갈아치우며 금메달을 차지하는 기염을 토했다. 이는 아사다 마오라는 훌륭한 경쟁상대가 있기에 가능한 일이었다. 인간은 이처럼 경쟁을 통해 자극을 주고받으며 성장하고 발전하는 존재다.

건전한 경쟁은 조직에 활력을 불어넣고 적절한 긴장감을 조성하여 모두가 좋은 성과를 내기 위해 노력하는 분위기를 만들어낸다. 그러나 경쟁을 기피하는 조직은 타성에 젖어 더 이상 발전하지 못하고 시대에 뒤처져, 결국 역사의 뒤안길로 사라져버리고 만다.

1945년, 제2차 세계대전이 끝난 후 미국은 막강한 경제적 우위를 등에 업고 세계의 경찰을 자처하며 팍스아메리카나Pax Americana를 구가할 수 있었다. 그러나 불과 4반세기 후인 1970년, 오일쇼크를 고비로 미국은 경제적으로 쇠퇴하기 시작하여 1980년대에 결국 일본에 경제적 우위를 내주고 말았다. 대체 미국에 무슨 일이 일어났던 것일까?

미국의 심리학자이자 경영컨설턴트인 주디스 바드윅Judith Bardwick은 그 원인이 미국 노동자들의 정신상태가 해이해지고 노동윤리가 땅에 떨어진 데다 경영자의 경영윤리마저 훼손된 데 있다고 말했다. 또, 그는 열심히 일하는 사람이나 게으른 사람이나 똑같은 대우를 받는 잘못된 기업문화가 미국경제를 침체의 늪으로 빠뜨린 주범이라고 판단했다.

건전한 경쟁의 중요성은 '어닝Earning곡선'에서 잘 드러난다. 바드윅은 《안락 속의 위험(Danger in the Comfort Zone)》이라는 책에서 "편한 곳에는 위험이 있다."면서 "조직의 생산성을 높이려면 조직 내에 적당한 긴장감을 불어넣어 구성원들의 일하는 정신(earning mind)을 북돋아줘야 한다."라고 말했다.

그는 조직과 그 구성원들의 상태를 긴장 정도에 따라 '안주하는(Entitlement)' 상태, '일하는(Earning)' 상태, '두려워하는(Fear)' 상태로 구분하고 이 세 가지 상태의 상호연관성을 살펴봄으로써 조직에 열심히 일하는 정신을 불어넣기 위한 방안을 제시했다.

일반적으로 조직의 규모가 커지기 시작하면 조직 내부에 기득권을 지키려는 무사안일주의가 팽배해 조직의 생산성이 떨어지고, 그 결과 조직은 점점 무기력해진다. 이런 폐해를 예방하고 구성원들의 능률을 높이려면 조직이 그들에게 적절한 수준의 압박을 가하고 건전한 긴장감을 유발하여 '일하는 상태'가 되도록 유도해야 한다. 높은 수준의 도전목표를 제시하고 목표달성에 따른 적절한 보상을 내거는 것도 좋은 방법이다.

다만, 지나친 불안감이나 위기의식은 조직의 생산성에 악영향을 미칠 가능성이 높다. 이러한 상태가 바로 '두려워하는' 상태다. 조직과 그 구성원들이 '두려워하는' 상태에 빠지면 개인 간의 경쟁이 과열되고, 이는 자칫 조직의 분열로 이어질 수도 있다. 공자도 《논어》에서 과유불급이라고 했다. 지나친 긴장감은 경계해야 한다.

열심히 일하는 사람들의 활력인 '일하는' 정신이야말로 우리를 '안락 속의 위험'에 빠지지 않게 해주는 귀중한 자산이다. 익숙한 안전지대에는 늘 위험이 도사리고 있다는 것을 명심해야 한다. 성공으로 가기 위해

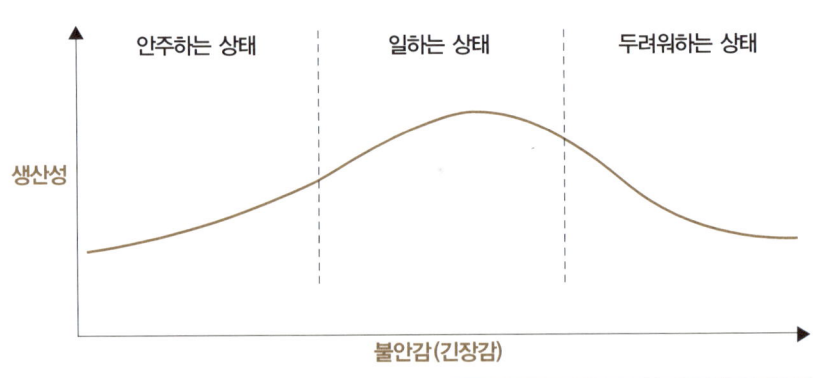

:: 표36 주디스 바드윅의 어닝곡선

서는 '불안의 힘'이 대단히 중요하다. 성공은 변화나 도전과 같은 '불안 DNA'를 먹고 살기 때문이다.

인도 사원의 원숭이는 왜 전멸했나?

인도에는 한때 원숭이들이 모여 떼를 지어 살고 있는 사원이 많았다. 이 원숭이들은 재롱을 피우고 갖가지 묘기도 부리며 많은 관광객들을 끌어모았다. 그런데 어느 순간부터 원숭이들이 어디론가 사라지기 시작했고, 결국엔 한 마리도 남지 않고 모두 없어져버렸다. 사원을 찾는 관광객들이 사라진 것은 당연한 일이었다.

알고 보니 관광객들이 재미로 주는 기름진 먹이 때문에 원숭이들이 살찌고 병들어 움직일 수가 없게 되어버린 것이었다. 인간으로 치자면 비만에 당뇨병까지 걸려서 병원에 입원한 셈이다. 관광객들이 주는 먹이가 있으니 굳이 힘들여 먹이를 구할 필요가 없다는 생각에 게을러진 원숭이들은 관광객들이 주는 기름진 먹이에 의존했고, 결국 움직이는 것조차 귀찮게 여겼던 것이다.

그들은 관광객들이 주는 먹이가 자신들의 재롱과 묘기에 대한 보상이라는 생각은 조금도 하지 못했고, 끝내 게으름에서 벗어나지 못했다.

이것은 원숭이에 관한 이야기지만, 인간의 본성도 이와 별로 다르지 않다. 인간의 본성은 항상 편하고 안락한 것을 찾게 마련이다. 서면 앉고 싶고, 앉으면 눕고 싶고, 누우면 자고 싶다는 말도 있지 않은가. 그러나 안락함은 한순간이다. 안락함 속에는 항상 위험이 도사리고 있다.

한국형 성과주의로
경쟁력을
키워라

'일을 했으면 성과를 내라'라는 말이 있듯이 최고의 경영자들은 명성에 걸맞은 훌륭한 경영방식을 가지고 있다. 그들은 언제 어느 곳에서도 구성원들을 업무에 몰입하게 하고 조직을 열정으로 불타오르게 하여 높은 조직성과를 이끌어내는 능력을 지니고 있다.

성과주의가 무엇인지 정의하라면 저마다 다른 답을 내놓을 것이다. 물론 하나로 정해진 모범답안은 없다. 필자가 생각하는 성과주의는 조직의 특성과 구성원들의 정서에 가장 잘 들어맞고, 또 구성원들로 하여금 즐거운 마음으로 업무에 몰두하게 해주는 제도적 장치다. 따라서 성과주의는 각 나라의 국민성, 조직의 규모, 구성원들의 정서 등 여러 가지 특성에 맞도록 설계되고 운영되어야 한다.

미국에서 직무중심의 성과주의가 대세를 이루어왔다면, 일본에서는 연공서열과 종신고용을 바탕으로 한 일본식 성과주의가 성공적으로 뿌리내렸다. 우리나라에서도 많은 조직들이 우리의 실정에 맞는 '한국형 성과주의'를 확립하기 위해 각고의 노력을 기울이고 있다.

조직이 성과주의 인사제도를 통해 공정한 보상을 이행하기 위해서는 먼저 평가제도가 체계적이고 객관적인지 검토할 필요가 있다. 공정한 평가기준을 확립하려면 조직의 목표를 세우고 구성원들이 그 목표를 향해 나아가도록 그들에게 주인의식을 심어주어야 한다.

이를 위해서는 목표관리 제도의 도입이 필수적이다. 여기서 중요한 것은, 목표관리 제도를 운영하는 목적을 보상에만 두어서는 안 된다는 점이다. 조직은 목표관리 제도를 통하여 구성원 모두에게 맡은 업무에 대한 책임감을 심어주고 그들의 성장을 이끌어내는 데 주력해야 한다.

평가결과에 따른 보상제도로는 인센티브 제도가 대표적이다. 연공서열 제도에 의거한 기존의 임금체제하에서는 매년 정기승급이 이루어져 성과에 관계없이 임금이 자동적으로 상승한 반면, 인센티브 제도하에서는 개인의 성과와 역량에 대한 평가결과를 토대로 임금을 지급하기 때문에 임금이 계속해서 변동한다.

일 잘하는 사람에게 높은 보상이 돌아가는 성과주의 인사제도는 이제 거스를 수 없는 대세임에 틀림없다. 또 성과주의 인사제도의 도입은 조직의 성과를 높이고 경쟁력을 강화할 것으로 기대되고 있다. 그러나 성과주의 인사제도가 우리 기업의 기존 제도나 조직문화와 마찰을 겪을 수 있다는 우려의 목소리 또한 크다.

성과주의 인사제도를 도입할 때 가장 중요한 사항은 조직의 특성이나 구성원들의 정서를 충분히 감안하고 그에 적합한 제도를 마련해야 한다는 점이다. 선진 기업의 사례를 그대로 베껴온다면 갈등과 반목만 겪게 될 뿐이다.

따라서 '한국형 성과주의'의 확립은 우리나라의 모든 조직에게 가장 시급한 과제다. 우리나라 사람이 입을 옷은 우리나라 사람의 체형에 맞아야 한다. 우리 몸에 보다 잘 맞는 옷을 만들기 위해 조직과 구성원 모두가 머리를 맞대고 고민해야 할 때다.

C급 인재에게는
치유가
필요하다

"계란을 한 바구니에 담지 마라." 이 말은 금융시장에서 모르는 이가 없을 정도로 유명한 격언이다. '포트폴리오Portfolio'는 주식투자의 위험성을 줄이고 수익을 극대화하기 위해 여러 종목에 분산투자하는 자금운용 방식의 하나다. 이와 마찬가지로 구성원 각각의 특성에 맞도록 다양한 인재관리 계획을 세우는 '인재 포트폴리오'는 성과주의 인사제도를 도입하는 데 있어 매우 효과적인 방안이다. 스포츠에 비유하면 아무리 유명한 명문구단도 초특급 선수들만으로 구성되지 않는 것과 같다. 구단이 좋은 성적을 내기 위해서는 다양한 계층의 선수들이 서로 경쟁하며 성장해야 한다.

1997년 외환위기 이후 많은 우리 기업들은 외부에서 뛰어난 인재를 수혈받기 위해 분주히 뛰어다녔지만, 그런 고급인재들을 영입하고도 정작 인재관리에 실패해 경쟁시장에서 고전을 면치 못한 기업이 많았다. 그래서 최근에는 내부의 인재들을 관리하고 육성하여 A급인재로 만드는 것이 더 현실적이라는 의견이 지배적이다.

가장 대표적인 인재관리 방법은 책 첫머리에 소개했다시피 인재들을 성과와 역량에 따라 A급인재, B급인재, 그리고 C급인재로 분류하는 방법이다. 이렇게 인재들을 분류했다면 A급인재들의 역량을 계속 유지시키고, B급인재와 C급인재들을 육성하여 A급인재로 키우는 방안을 고민해야 한다. 이때, 그들의 성과가 낮은 원인을 파악하여 근본적인 해결책을 마련해야 한다. 이를 위해 조직은 인재관리 시스템을 개선해나가는 데에 부단한 노력을 기울여야 한다.

C급인재들에게 온정주의를 베풀어 그들을 그대로 품고 가는 조직은 더 이상의 발전을 꿈꿀 수 없다. 조직이 온정주의적 태도를 계속 유지한다면 발전은커녕 경쟁에서 도태되어 사라져버리고 말 것이다.

그렇다고 C급인재들에게 무조건 냉혹한 태도만 보여서도 안 된다. 성과가 좋지 않다고 해서 일단 자르고 보는 조직은 계속해서 구성원을 잃어버려, 나중에는 사람이 없어서 사업을 진행하지 못하는 상황에까지 이르게 될 것이다.

따라서 조직은 C급인재가 왜 낮은 성과를 내는지 관찰하고 평가하여 근본적인 원인을 치유해주어야 한다. 그렇게 C급인재의 능력을 끌어올려 조직과 구성원 모두가 성장하는 윈윈 전략이 21세기의 치열한 경쟁 속에서 살아남는 최선의 방법이다.

이러한 인재관리 방안은 이제 더 이상 민간기업의 전유물이 아니다. '철밥통'으로 불리던 공무원의 세계에도 변화의 광풍이 몰아치고 있다. 서울특별시, 울산광역시, 고용노동부 등 여러 정부기관이 발표한 C급인 재 퇴출방안은 국민들에게 한국형 성과주의 인사제도 개발의 중요성을 한층 깊이 각인시켜주었다. 이제 한국형 성과주의 인사제도 개발은 누구 에게나 피할 수 없는 과제가 되었다.

고령화
시대를
대비하라

1955~1963년 사이에 태어난 우리나라의 베이비붐 세대 712만 명 중 약 311만 명이 2010~2018년에 은퇴할 전망이다. 이에 따라 고령층 일 자리 문제가 뜨거운 감자로 떠올랐다. 이들이 본격적으로 은퇴하기 시작 함에 따라 중장년층의 고용불안감을 해소하기 위한 정년연장, 임금피크 제와 같은 제도들이 속속들이 마련되고 있다.

정보화 시대에 들어서면서 인터넷과 무선통신 등이 급속도로 확산되었 고, 이는 조직을 빠르게 분화시키고 경량화시켰다. 때문에 기존 간부들 은 속도에 적응하지 못하고 시대에 뒤처져 쓸모없게 된 존재라고 주장하 는 '무용론'이 더욱 힘을 얻고 있다. 이제 과거의 경직된 계층구조와 상 의하달식 경영으로는 젊은 직원들의 창의력을 끌어낼 수 없다.

하지만 이런 베이비붐 세대는 한국의 산업화와 고도성장을 경험한 세대로서, 수십 년에 걸쳐 지식과 기술, 비즈니스 인맥을 쌓아온 대체 불가능한 인적자본(human capital)이다. 이들을 방치하는 것은 '100년 쓸 인재 50년 만에 폐기하는 꼴'로서 그들의 대량 은퇴는 '인적자본의 대량폐기'에 진배없는 일이다.

사실 이들의 경제활동 참가율은 주요 선진국에 비해 10% 이상 낮은 수준이다. 국제노동기구(ILO, International Labor Organization)에서 발표한 2008년 주요국 중장년층 경제활동 참가율 통계를 보면 한국의 50~54세 경제활동 참가율은 75.4%인데 비해 독일은 85.3%, 일본은 83.7%, 스웨덴은 88.7%나 된다.

노동력과 노동의사를 지닌 우리 사회의 중장년층이 아무런 준비 없이 은퇴자로 내몰리면서 그들의 지적자산이 사장되고 그 과정에서 성장 잠재력이 훼손될 것임은 두말할 나위 없다.

류지성 삼성경제연구소 교육혁신센터장은 "제조업이나 조선업 등의 전문분야에서는 숙련기술이 계속해서 전수되어야 하는데, 베이비붐 세대로 대표되는 중장년층 인력이 대량으로 빠져나가고 이들이 사회에서 할 일이 사라질 경우 우리나라 근간사업의 기술이 사장되는 결과를 초래할 것"이라며 "고령인력에 대한 재교육 부재는 한국산업과 경제에 심각한 타격을 줄 수밖에 없다."고 밝혔다.

문제는 그들 중 상당수가 '인생 2모작', 또는 '재교육'이라는 개념과 그에 대한 접근방법을 제대로 알지 못한다는 것이다. 재교육이 재활용으로 이어지는 인프라도 아직까지는 취약한 상태다. 이제 우리도 이들 베이비붐 세대를 단순히 C급인재나 퇴출인력으로만 생각하지 말고 그들의 노동력을 활용하기 위한 대책을 세워야 한다.

이를 위해 조직은 퇴직자들이 보유한 지식이나 기술 중 반드시 보전되어야 할 것이 무엇인지를 먼저 파악해야 한다. 이를 위해서는 단순히 후

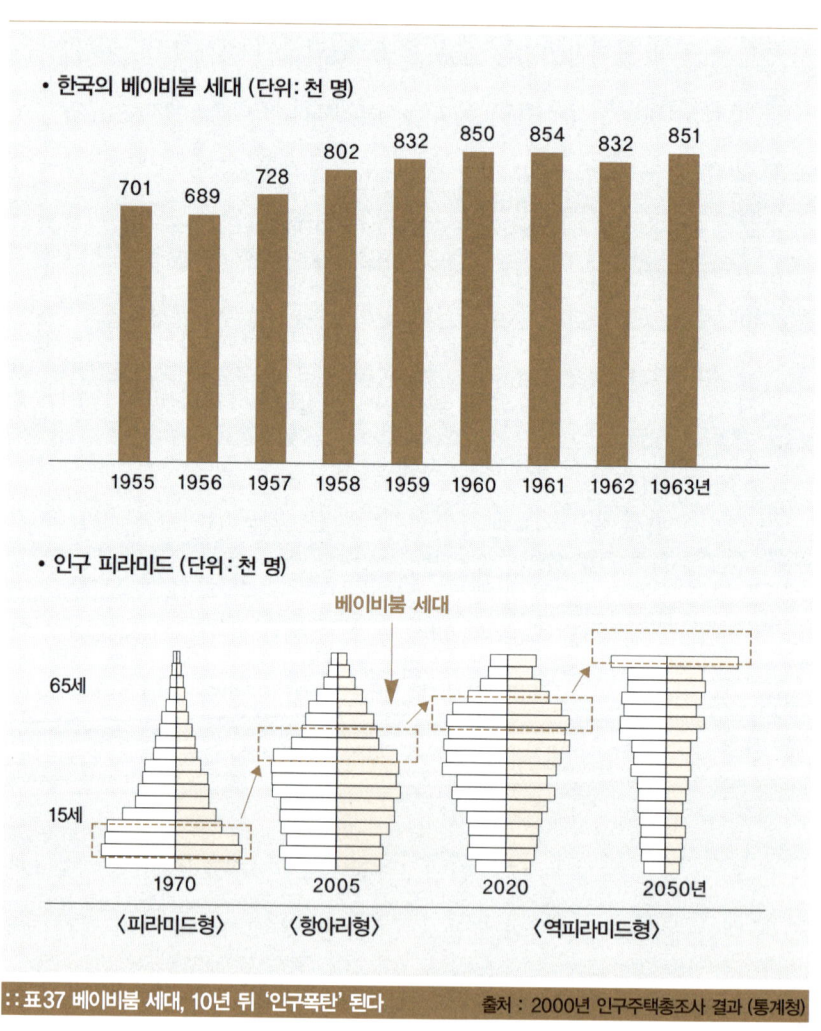

:: 표37 베이비붐 세대, 10년 뒤 '인구폭탄' 된다   출처 : 2000년 인구주택총조사 결과 (통계청)

임자를 정하고 업무를 인수인계하는 데서 그치지 않고 조직 경쟁력의 핵심이 되는 주요지식을 보전하고 유지하는 '승계관리(succession management)' 제도가 필요하다.

아울러 핵심적인 지식을 보유한 직원들이 급작스럽게 퇴직할 때 생기는 부작용을 최소화하기 위한 또 하나의 방안으로서 '단계적 퇴직계획'이 필요하다. 이는 퇴직자가 서류상으로 퇴직처리된 후에도 파트타임이나 계약직 등의 다양한 형태로 근로를 지속할 수 있게 하는 제도다. 이 제도를 통해 퇴직자 본인은 지속적인 수입을 거두고 조직은 이들을 보다 오랫동안 조직에 붙들어놓을 수 있다.

출구가 열려야
입구도
열린다

　앞서 삼성의 인사제도를 버스기사에 비유했듯이, 새로운 사람을 받아들이기 위해서는 그만큼의 인원을 내보내야 한다. 그러나 그냥 내보내기만 하고 신경 쓰지 않는 태도는 바람직하지 않다. 성과도 좋고 역량도 높은 직원에게 파격적인 보상을 제공하고, 성과가 나쁘고 역량이 부족한 직원에게 불이익을 주는 것은 성과주의 인사제도의 기본원칙이다. 그러나 C급인재를 퇴출할 때에는 퇴출 대상자가 자신의 능력과 적성에 맞는 다른 일을 찾을 수 있도록 전폭적으로 지원해주어야 한다. 현재 미국 기업의 80% 이상이 이를 위해 전직 및 재취업 프로그램을 도입한 상태다.

　물론 내보낼 때에는 공정한 기준을 따라야 한다. GE나 삼성은 모든 구성원들이 납득할 수 있는 출구관리 제도를 구축함으로써 이런 기준을 갖추었다. 구성원들은 자신이 출구에 얼마나 가까이 와 있는지 시스템을 통해 쉽게 알 수 있다. 따라서 성과를 얼마나 높여야 하는지, 그러기 위해서는 어떤 부분에서 더욱 노력해야 하는지 확실히 파악할 수 있다. 이는 공정하고 투명한 인사제도를 통해 구성원들 스스로 자신의 행동방향을 결정하도록 하는 '보이지 않는 손'에 의한 인사관리 제도의 일환이다.

이런 출구관리 전략은 삼성 인사제도의 중요한 요소이며, 입구를 통과한 직원들의 의욕과 경쟁심을 고취하는 수단이기도 하다. 이제는 어떤 조직이든 새로운 구성원을 받아들이는 입구만 관리하지 않고 구성원을 내보내는 출구도 효과적으로 관리하기 위한 인사제도가 반드시 필요하다.

C급인재와 부적격 인재의 상시퇴직 유도
성과개선 기회를 제공하되, 개선이 미흡할 경우 적절한 불이익 조치를 통해 자발적 퇴직을 유도

유휴인력, 직무가 소멸된 자의 희망퇴직
직무나 조직, 사업의 변경 등으로 불가피하게 퇴직해야 하는 인력에게 퇴직위로금을 지급하고 퇴직관리를 해주어 불만을 해소하고 후유증을 최소화

고직급, 고령자의 명예퇴직
직급, 근속연수가 일정선 이상인 근로자가 조기에 명예퇴직을 신청할 경우 제2의 인생설계를 지원

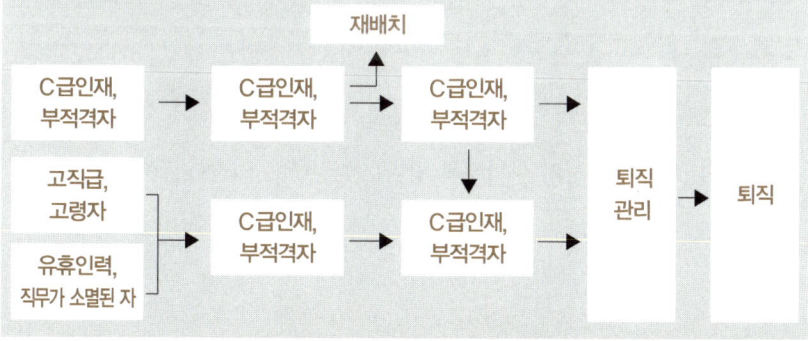

:: 표38 전략적 퇴직관리 프로세스

안주의 함정

서기 73년, 로마제국이 이스라엘을 멸망시켰을 때 그들은 유대인에 대한 승리를 자축하기 위해 금화를 제작했다. 그 금화에는 유대인을 쳐부 쉈다는 뜻의 '유데아 데비크타 Judea Devicta'라는 라틴어 문구와 기고만장한 로마병사의 발아래 무릎 꿇은 유대인 여성의 모습이 새겨졌다. 패배의 쓴잔을 마신 유대인들은 유랑민이 되어 전 세계를 떠돌아다녀야 했다. 그러나 승리의 달콤함에 도취한 로마인들은 얼마 지나지 않아 역사의 뒤안길로 사라졌지만, 무참히 패배한 유대인들은 오히려 자연과학, 사회과학, 국제정치 등 다양한 분야에서 눈부신 업적을 거두었다. 그들은 역사상 가장 많은 창조적 인재를 배출한, 세계에서 가장 성공한 민족으로 손꼽힌다.

현재 유대인의 인구는 1,300만 명으로 세계인구의 0.2%밖에 되지 않지만, 그들은 노벨상에서 경제 65%, 의학 23%, 물리 22%, 화학 12%, 문학 8%의 수상자를 배출했다. 또한 미국에 거주하는 유대인은 미국 전체인구의 2%에 불과하지만 그들은 미국 전체 부의 24%를 차지한다. "성공은 형편없는 선생이다."라는 빌게이츠의 말처럼 영원한 1등은 없다. 성공은 자만을 불러오게 마련이다. 성공은 자만을 낳고, 자만은 타성을 낳는다. 타성에 빠진 자는 새로운 경쟁자가 나타났을 때 미처 대응하지 못하고 쉽사리 무너지고 만다. 기억하라. 익숙한 길에는 늘 위험이 도사리고 있다.

불편한,
그러나 알고 보면
속 시원한 이야기

날지 못하는 바보새 '도도새'를 아는가?

도도새는 아프리카의 동쪽, 인도양의 남서부에 위치한 모리셔스^{Mauritius}라는 섬나라에 서식하던 새로, 인간의 손에 멸종당한 최초의 조류다.

이들이 서식하던 모리셔스는 대륙에서 멀리 떨어져 있어서 사람이 살지 않는 무인도였다. 이 섬에는 그들의 천적이 없었고 먹을 것이 지천으로 널려 있었기에 그들은 날아다닐 필요가 전혀 없었고, 결국 날개가 퇴화하여 날지 못하는 새가 되었다.

그런데 16세기 말에 네덜란드 사람들이 이 섬을 발견하면서 이들에게 위기가 찾아왔다. 사람이라는 걸 처음 본 도도새는 그들을 두려워하지도 않았고, 게다가 날지도 못해서 포식자들에게 먹잇감이 되기 십상이었다.

사람들은 도도새를 무차별로 학살하기 시작했고, 함께 섬에 들어온 동물들도 도도새의 알을 무자비하게 훔쳐먹었다.

결국 17세기 말이 되자 모리셔스의 도도새는 한 마리도 남김없이 모두 사라져 버렸고, 동물도감에서나 볼 수 있는 멸종동물이 되고 말았다.

인간도 이와 마찬가지다. 뛰어난 지능과 문명의 이기로 중무장한 인간도 게으른 동물적 본성에서 벗어날 수 없다. 인간은 고통을 느껴야만 깨달음을 얻는다는 말이 있을 정도다. 하지만 인간은 다른 동물들과는 분명히 다르다. 인간은 부단한 노력을 통해 그런 동물적 본성을 상당부분 제거할 수 있다.

비즈니스 세계에서는 시스템에 의한 경영이 그런 역할을 한다. 경영자와 주주를 중심으로 한 '사람에 의한 경영'은 조직 구성원들을 나태하게 만들어 날개가 퇴화해버린 도도새처럼 무능력한 사람이 되게 한다. 그런 조직은 경영환경이 조금만 흔들려도 사람에 의해 멸종되어버린 도도새처럼 쉽게 무너져버리게 마련이다.

따라서 시스템에 의한 경영은 이제 선택이 아닌 필수다. 요즘처럼 모든 것이 불확실하고 미래를 예측할 수 없는 환경 속에서 성장하고 발전하기 위해(적어도 도태되지 않고 살아남기 위해) 조직은 먼저 시스템 경영이라는 확실한 무기를 장착해야 한다.

그리고 그 시스템 경영에 있어서는 경쟁에 의한 인재관리가 핵심이 되어야 한다. 조직도, 조직의 일도 모두 사람에 의해 이루어지는 것이고, 사람은 경쟁이라는 자극을 통해서 발전하고 성장하기 때문이다. 이것이 우리가 지금까지 알아본 성과주의 인사제도의 본질이다.

앞에서 설명했듯이 조직은 모든 구성원들을 공정한 기준에 의해 평가하고 분류해야 한다. 그리고 그 평가결과에 걸맞은 보상을 제공해야 한다. 여기서 평가의 목적이 단순히 점수를 매기는 데 그쳐서는 안 된다.

학교에서 시험을 치르는 목적도 단순히 등수나 점수를 매기기 위한 것이 아니지 않은가? 시험은 자신의 능력이 얼마나 되는지 확인하고 이를 통해 더욱 발전하고 성장하기 위한 것이다.

성과주의 인사제도도 그런 목적을 가지고 운영되어야 한다. 평가 결과 C급인재로 분류된 구성원들을 무조건 내치지 말고 그들에게 성장의 기회를 주어야 한다. 삼성 이건희 회장도 실패했다고 해서 무조건 사람을 버리는 것은 인재를 잃는 길이라는 생각으로 C급인재 관리에 심혈을 기울이고 있다.

이런 성과주의 인사제도의 틀은 요즘 장안의 화제인 〈나는 가수다〉라는 오디션 프로그램에서도 찾아볼 수 있다. 최근 1~2년 전부터 가수·연기자·요리사·모델 등 여러 분야를 아우르는 '서바이벌 방식'의 오디션 프로그램들이 한국 방송계를 뒤흔들고 있다. 그중에서도 특히 이 프로그램의 인기는 가히 폭발적이다. 매주 프로그램이 끝나고 나면 수많은 언론매체들이 너도나도 무슨 일이 일어났는지 보도하기 바쁘고, 사람들은 모이기만 하면 "저번 주에 나가수(〈나는 가수다〉의 약칭) 봤어?"라면서 열띤 대화를 나눈다. 〈나가수〉를 안 보는 사람들이 큰 소외감을 느낄 정도다. 왜 국민들은 이토록 〈나가수〉에 열광하는 것일까?

그것은 철저한 경쟁구도를 통해 감동적인 무대가 만들어지기 때문이다. 〈나가수〉는 가수로 데뷔하고 싶은 아마추어 가수 지망생들이 아닌, 국내에서 내로라하는 최고의 가수들이 경합을 벌이는 프로그램이다. 최고의 가수들도 손가락을 떨어가며 긴장하게 만드는 것은 다름 아닌 엄격한 퇴출제도다. 〈나가수〉에 출연하는 7명 중 가장 낮은 점수를 받은 가수는 프로그램에서 하차해야 한다. 그렇기에 꼴찌가 되어 퇴출당하지 않으려면 더욱 멋진 무대, 더욱 진정성 있는 노래를 선보여야 하고, 그런 무대를 보는 시청자들은 감동의 도가니에 빠질 수밖에 없는 것이다. 그리고 퇴출된 가수들 또한 정해진 룰 안에서 최선을 다했기에 박수를 받으며 떠날 수 있고, 떠난 후에도 이전보다 더 큰 인기를 누리고 있다.

인류는 지금껏 유례없는 격변의 시대를 살아가고 있다. 자고 일어나면 새로운 기술이 나타나 세상을 뒤집어놓고, 잠시 한눈파는 사이에 한 분야의 산업 자체가 사라져버리기도 한다. 기술력으로 무장한 강자만이 살아남는 시대는 이미 지나간 지 오래다. 이제 조직의 흥망은 인재에 달려 있다. 인재관리가 조직의 생존 여부를 좌우한다고 해도 과언이 아니다. 성과주의 인사제도는 그런 인재관리에 어려움을 겪고 있는 많은 조직들에게 한 줄기 빛이 될 것이다.

물론 성과주의 인사제도 그 자체가 만병통치약은 아니다. 성과주의 인사제도를 통해 혜택을 입는 사람이 있는가 하면 불이익을 받는 사람도 있다. 그러나 빛이 있는 곳엔 항상 그림자가 있게 마련이다. 그림자가 신경 쓰인다고 해서 빛을 피하는 어리석음을 범하는 사람은 없을 것이다.

많은 이들이 그런 사실을 막연하게 알고 있으면서도 드러내놓고 얘기하기를 꺼린다. 그러나 사실을 외면하는 자세는 누구에게도 도움이 되지 않는다. 필자는 우리나라의 기업들이 비즈니스의 강자로 거듭나기 위해 누군가 그런 불편한 이야기를 꺼내야 한다는 의무감으로 이 책을 쓰게 되었다. 모쪼록 이 책이 우리나라의 모든 비즈니스 현장에서, 그리고 많은 기업에서 인재경영 시스템 구축에 '입에는 쓰지만 몸에는 좋은' 영양소가 되길 기원한다.

젊은 시절 일본에 파견되어 주재원으로 근무할 당시, 필자는 책을 몇 권씩이나 쓴 사람들을 많이 만났다. 또한 자주 들르곤 했던 일본 서점에는 실무자들이 자신의 경험을 저술한 책이 굉장히 많았다. 일본 서적의 다양성에 신선한 충격을 받은 필자는 '나도 살아생전에 책 10권을 써야 겠다.'는 목표를 세웠다. 마침 이 책이 꼭 10번째 책이 되어 목표를 조기에 달성할 수 있게 해주었다.

아이를 낳아본 적 없는 사람이 산모의 고통을 이해하지 못하는 것처럼, 책을 쓰는 데에는 직접 써보지 않은 사람이 상상할 수 없을 만큼의 인내와 고통이 따른다. 그러나 기록은 깨지라고 있는 법. 이제 필자는 20권으로 목표를 조정했다. 책을 쓴다는 것은 그 자체로서 큰 공부가 되기도 하고, 또 자료 수집을 습관화한 필자에게 글을 쓰는 것은 수집한 자료들을 효과적으로 정리하는 좋은 기회다. 그런 연유로 필자는 앞으로 좀 더 나은 책을 많이 집필하고 싶다. 요즘은 60세에 정년을 맞고 30년의 여생을 살아야 하는 '트리플 크라운Triple Crown' 시대라고 하는데, 이제 새로운 30년을 맞이하는 필자에게 이러한 목표는 큰 의미를 갖는다고 생각한다.

이 책이 세상에 나오게 된 것은 자료수집을 마치고 원고를 쓰기 시작한 지 꼭 3년 만인데, 그동안 많은 분들의 조언과 협조가 있었기에 이 자리를 빌려 감사의 뜻을 전하고자 한다.

필자의 강의를 직접 듣고, 더 많은 사람들이 그 내용을 보고 공부할 수 있도록 책으로 정리할 것을 독려해준 많은 분들에게 감사드린다. 그리고 알찬 자료와 생생한 사례를 제공해준 '부진자 연구회'의 홍석환 총무를 비롯한 회원 여러분에게도 감사드리며, 특히 이 분야의 권위자로서 아낌없는 조언과 자료를 베풀어준 윤혜신 이사에게 감사드린다.

출판업계의 마이더스의 손으로 통하며 이미 여러 권의 베스트셀러를 만들어낸 쌤앤파커스의 박시형 대표가 아니었더라면 이 원고는 아마 지금도 방구석 어딘가에 뒹굴고 있을지 모른다. 거친 원고를 처음부터 끝까지 꼼꼼히 다듬어준 쌤앤파커스 직원 여러분에게 감사드리고, 틀린 글자를 족집게처럼 찾아 고쳐준 아내에게도 고마움을 전한다.

저자소개

지은이 **가재산**

피플스 그룹 대표이사

'변화를 사랑하자'를 모토로 대한민국 경영혁신을 이끌어가고 있는 저자는 25년 동안 삼성의 여러 계열사에 몸담으면서 경영관리에서부터 인사기획, 경영혁신 주도에 이르기까지 오늘날 삼성 신화의 토대가 된 부서들을 두루 섭렵한 혁신의 선구자다. 회장 비서실 인사팀에 재직하는 동안에는 이건희 회장의 경영철학을 전파하는 일, 특히 '삼성 신경영'을 주도하는 업무를 담당하기도 했으며, 조직혁신, 신인사제도 기획, 새로운 경영모델에 대한 그룹 내 교육을 주관한 삼성 변혁의 산증인이기도 하다.

서강대학교에서 경영학을 전공하고 MBA 과정을 수료했으며, 카이스트와 고려대학교의 CEO과정을 수료했다. 현재 종합 HR 서비스를 제공하는 피플스 그룹의 대표이사로 재임 중이며, 서울 과학종합대학원 겸임교수, 정부의 인적자원개발 진단 및 BEST HRD 국가인증 평가위원을 맡고 있다.

특히 한국의 인사제도는 한국식으로 해야 한다는 생각으로 '한국형 인사조직 연구회'를 만들어 회장을 맡고 있다. 이 과정에서 한국형 성과주의 강화의 필요성을 절감한 그는, 동료들이 이루어놓은 성과에 공짜로 묻어가는 '무임 승차자'들에게 일침을 가하고, 그들을 방치하는 구태의연한 조직문화를 개선해야겠다는 불타는 사명감으로 이 책을 집필하게 되었다.

여러 신문과 잡지에 인사 및 교육에 관련된 칼럼을 기고하고 있으며, 지은 책으로 《한국형 팀제》, 《디지털 시대의 간부진화론》, 《성공을 위한 모닝테크》, 《10년 후 무엇을 먹고 살 것인가?》, 《중소기업, 인재가 희망이다》, 《삼성이 강한 진짜 이유》 등이 있다.

10년 후, 무엇을 먹고 살 것인가?
가재산 지음 | 13,000원

지금의 '최강 삼성'을 만든 인재경영&미래전략을 해부한다. 삼성 간부 출신의 저자가, 1등 조직 삼성의 지독하리만큼 체계적인 인재 채용과 트레이닝, 삼성만의 성과시스템과 보상체제, 이탈자에 대한 관리에 이르기까지 삼성의 10년 후를 준비하는 인재전략과 미래전략의 모든 것을 해부했다. 미래전략을 준비하는 오피니언 리더들에게 조직경영과 인재전략의 실질적인 가이드를 제공해 주는 책.

용인술, 사람을 쓰는 법
김성회 지음 | 15,000원

경영은 결국 '사람을 남기는 것'이며, 리더의 능력은 곧 '사람 쓰는 능력'이다. 인재를 어떻게 가려낼 것인가? 어떻게 하면 '전쟁'이 아니라 선의의 '경쟁'을 격려할 수 있는가? 2,500년간 동양사회를 이끌어온 정신적 리더, 공자에게 배우는 사람 보는 법, 얻는 법, 쓰는 법!

답을 내는 조직
김성호 지음 | 15,000원

《일본전산 이야기》의 저자가 4년 만에 내놓은 후속작. 지금 우리에게 필요한 것은 돈도, 기술도, 자원도 아닌, 기필코 답을 찾겠다는 구성원들의 살아 있는 정신이다. 이 책은 어떻게 하면 답을 찾는 인재가 될 수 있는지 크고 작은 기업들의 사례를 통해 속 시원히 밝힌다. 잠들었던 의식을 일깨우고 치열함을 되살리고 싶은 모든 사람을 위한 책.

가치관 경영
전성철(IGM세계경영연구원 회장) 외 지음 | 18,000원

제대로 된 가치관 한 줄이 수억 원짜리 컨설팅보다 낫다! 이 책은 직원 모두의 생각을 모아 가슴 뛰는 미션과 비전, 핵심가치를 만드는 방법을 상세히 안내한다. IBM, 맥킨지, 교보생명, 국순당 등 가치관 경영으로 최고가 된 기업들의 쟁쟁한 사례를 통해 가치관 수립과 실천의 모든 것을 담은 책이다.

팔지 마라, 사게 하라
장문정 지음 | 18,000원

바보는 고객을 유혹하려 하지만, 선수는 고객이 스스로 선택하게 만든다! 끊임없이 고객의 마음을 읽고 반응해야 하는 설득의 최전선, 치열한 마케팅 전쟁터에서 살아남기 위해 반드시 습득해야 할 '장문정식' 영업전술 교본. 공격적이고 군더더기 없는 설명으로 마케팅과 세일즈의 핵심을 통쾌하게 파헤친다.

전략의 탄생

애비너시 딕시트 · 배리 네일버프 지음 | 이건식 옮김 | 25,000원

가위, 바위, 보 게임부터 기업 간 거래와 협상에 이르기까지…, 삶과 비즈니스에서
승리하기 위해 반드시 필요한 '전략'의 모든 것! 마치 수학공식처럼 외워두었다가,
필요한 상황마다 적재적소에 적용할 수 있는 '전략적 사고의 기술'. 비즈니스의 활로
를 모색하고, 실질적 전략에 갈증을 느끼는 리더를 위한 책.

모든 비즈니스는 브랜딩이다

홍성태 지음 | 18,000원

브랜딩은 더 이상 마케팅의 전유물이 아니다! 이 책은 살아남은 브랜드와 잊혀져가는
브랜드의 사례를 토대로, 브랜드 컨셉을 어떻게 기업의 문화로, 가치로 녹여낼 수 있
는지를 쉽고 친근하게 설명한다. 브랜딩이 단순한 마케팅 기법이 아니라 경영의 핵심
임을 일깨워준다. 마케팅 담당자뿐 아니라 모든 부서의 직원들을 위한 책

사는 곳이 운명이다 좋은 운명을 끌어당기는 공간과 풍수

김승호 지음 | 15,000원

돈을 벌려면 트인 곳을 경계하고, 명예를 얻으려면 침실을 바꿔라! 좋은 운명을 끌어당
기려면 어떤 곳에서 살아야 할까? 방에도 사주가 있고 건물에도 관상이 있다. CEO의
방, 가장의 방, 회사의 사무실은 어떻게 꾸밀까? 재물운이 좋아지게 하려면 어떻게 해
야 할까? 운명과 기운, 사는 곳에 관한 모든 궁금증을 해결해준다.

비울수록 가득하네

정목 스님 지음 | 14,000원 | 명상CD 수록

치유의 어머니 정목 스님의 소박하고 따뜻한 마음공부 이야기. 매일매일 삶과 싸우고,
사랑하고, 고통받고, 꿈꾸는 현대인들에게 '행복을 위한 마음 연습'을 안내하고 있다.
분노와 우울, 좌절과 상처를 다스리는 이야기와 잠언, 명상법을 갈무리하여 담은 이
책은 힘들고 아프고 정처 없는 마음들에게 치료약이 되고 길잡이가 되어줄 것이다.

장사의 신

1편 장사의 신 | 우노 다카시 지음 | 14,000원
2편 장사의 신 실천편 | 우노 다카시 지음 | 15,000원

장사에도 왕도가 있다! 일본에서 요식업계의 전설이자 '장사의 신'으로 불리는 우노 다
카시. 커피숍 매니저로 시작해, 200명이 넘는 자신의 직원들을 성공한 이자카야 사장
으로 만든 주인공인 저자가 어떤 장사에도 통하는 성공비법을 공개한다.